北京话初探

胡明扬

商務印書館

2005 · 北京

图书在版编目(CIP)数据

北京话初探/胡明扬著．—北京：商务印书馆，1987
(2005 重印)

ISBN 7-100-02954-6

Ⅰ．北…　Ⅱ．胡…　Ⅲ．北京话—研究　Ⅳ．H172.1

中国版本图书馆 CIP 数据核字(2004)第 066279 号

BĚIJĪNGHUÀCHŪTÀN
北京话初探
胡明扬

商务印书馆出版
(北京王府井大街 36 号　邮政编码 100710)
商务印书馆发行
北京市白帆印务有限公司印刷
ISBN 7-100-02954-6/H・755

1987 年 1 月第 1 版　　开本 787×1092　1/32
2005 年 11 月北京第 3 次印刷　印张 6
印数 4 000 册

定价：10.00 元

目　　录

序……………………………………………………………… 1
北京、北京人、北京话……………………………………… 3
普通话和北京话 ……………………………………………… 15
北京话社会调查(1981) …………………………………… 42
北京话的语气助词和叹词 ………………………………… 82
北京话的称谓系统…………………………………………… 119
北京话形容词的再分类……………………………………… 133
附录：北京话常用形容词四百个 ………………………… 155
北京话声母 W 的音值 ……………………………………… 159
关于北京话的语调问题……………………………………… 161

序

现代汉语语法研究碰到了很多困难,困难之一是研究的依据都是书面语,而现代汉语书面语却严重不纯,很不规范,夹杂着各种方言成分,古汉语成分,还有各种欧化语法成分。要从如此驳杂的对象中整理出条理来,的确是难上加难,而且即使整理出一些条理来,任何人都可以随手拣起不少“例外”来加以非难。因此,长期以来我总想选择一种比较单纯的对象来分析研究,最后选中了北京话。相对而言,北京话是比较单纯的,特别是日常生活中使用的北京话的口语形式,尽管不可能像化学元素那么纯,个人差异也是很明显的,不过和现代汉语的书面语相比,也可以说是相当“纯”了。这就是我着手研究北京话的起因。但是一旦开始研究北京话又接触到一系列新问题,牵涉到一些新的研究方法,慢慢就和最初的想法不完全一致了。北京话作为一种地区方言有其特殊地位和特殊价值,因此对北京话的研究本身就很有意义。对北京话的研究在一定意义上也就是对现代汉语的研究。另外,过去研究北京话的人不多,所以可以研究的课题很多。遗憾的是,我虽然在北京已经生活了三十多年,但不是北京人,要研究北京话就得经常向地道的北京人请教，就得做一些调查，未免事倍功半，并且还免不了有失误。不过费点事也有好处，可以摸索一些新的研究方法，也可以避免过于主观。这次收入这本小书的是近年来写的一些论文，绝大多数没有正式发表过。这些论文也许对想了解北京话和有兴趣研究北京话的人还有一点参考价值，所以大胆付梓，以便抛砖引玉，并求正于读者和专家。

论文中涉及北京话的具体读音和用法的地方蒙祖居北京的徐仲华和张寿康两位同志审定，在此表示由衷的感谢。

胡 明 扬

1983 年 2 月

北京、北京人、北京话

§1 北京

1.1 北京位于华北大平原的西北端，北面是燕山山脉，西面是太行山，东濒大海，南面是一片平原，自古就是从华北平原北上和从内蒙、松辽平原南下的必经之地。

根据地下发掘的材料，在新石器时代北京地区就有人居住。从文字记载来看，最早的有一定规模的居民点是在永定河古渡口附近的蓟，或称蓟丘，也就是后来周初分封的燕国的都城。侯仁之、金涛在《北京史话》（上海人民出版社，1980年）一书中推测古代的蓟城“约在今北京广安门附近一带，现在白云观西墙外原有一处高丘，有可能即是古代蓟丘的遗址。”（16页）

1965年在北京发现一批古代瓦井，“其中55座是分布在外城西北转角东经宣武门至和平门一带”。[1]“1965年7月，

---

① 北京市文物管理处写作小组：《北京地区的古瓦井》，《文物》1972年第2期，45页。

北京西郊八宝山革命公墓西半公里的地方发现西晋永嘉年间华芳墓志，志文记‘假葬于燕国蓟城西廿里’。这是北京地区发现的墓志中，关于蓟城方位的最早记载。”①晋里二十里折合现代8,712米，晋代蓟城的西城垣当在今会城门村附近，再向东延伸正是这批古瓦井的所在区域。从这些情况来看，古代的蓟城和今天的北京城相去不远，甚至部分地区是叠压在一起的。

秦始皇“分天下为三十六郡，蓟城是广阳郡的治所。从秦汉，经魏、晋、十六国、北朝、前后达八百年，蓟城在我国北方的地位日渐重要。隋朝以蓟城为涿郡治所，唐朝统称幽州。公元九三八年，崛起于北方的辽朝，以蓟城为陪都，改称南京，又叫燕京。金朝继辽之后于一一五三年正式迁都到这里，名为中都。到了元朝，又在中都郊外创建新城，叫做大都。明朝改建大都，始称北京。清朝继续建都北京，直到封建王朝的最后崩溃。”②北京在不同时代有过不同的名称，除上面提到的一些名称以外，明代洪武元年曾改大都路为北平府，辖大兴、宛平两县，范围相当于今天的北京市（不包括远郊区）；永乐元年又改北平府为顺天府；永乐十九年（1421年）改称京师，治所在大兴、宛平，辖境近似今天的北京市。

---

① 北京市文物管理处写作小组：《北京地区的古瓦井》，《文物》1972年第2期，45页。

② 侯仁之、金涛：《北京史话》，上海人民出版社，1980年，1页。

1.2 北京作为一个地名，所指范围可大可小。最大的范围是北京市地区，大致相当于明、清的顺天府，目前包括十个区（东城区、西城区、崇文区、宣武区、朝阳区、海淀区、石景山区、门头沟区、丰台区、燕山区），九个市辖县（怀柔、密云、通县、房山、昌平、延庆、平台、大兴、顺义）。中等范围指传统的京师地区，也就是北京城区和近郊区。明清两代把京师从北京城的中轴线一分为二，东边归大兴县，西边归宛平县，这大致和今天的九个区相当。最小的范围指的是北京城区，连同关厢地区，也就是北京城区的连续市区。在过去，北京的连续市区几乎就等于城区，城关外的关厢地区是极其有限的。解放三十多年来市区不断向外扩展，目前的市区已经扩展到东至农展馆东环路一带；西至木樨地，并且不久就可能和石景山区连成一片；北至北太平庄北环路，并且将来可能会和海淀区的高等院校集中的文化区连成一片；南面发展得较慢，目前仍然以外城的南城垣为界。旧城区包括现在的四个区，即东城、西城、崇文、宣武四区。北京人还有一种习惯是把城区分为东城、西城、南城、北城四个部分。东城基本上是现在的东城区，西城基本上是现在的西城区，南城指外城，即今崇文和宣武两区，北城则指现在的东西城鼓楼一线以北的地区。在清代和解放以前，“达官贵人”大多住在东城和西城；南城是商业区，外来的手艺人、闯江湖的艺人、穷苦的劳动人民在这里住得多；北城更穷，因为在北城根下，住的都是外来的穷苦人家。

今天，这些区别已基本消失。不过这些历史因素在分析北京话的某些方面时也许还需要考虑进去。

§2　北京人

2.1　根据现有的材料，在北京地区居住的最早的人是举世闻名的周口店的“北京猿人”和“山顶洞人”。但是在有史时期居住在北京地区的人是否是“北京猿人”和“山顶洞人”的后裔无法查考。

在古燕国范围内发现了商周遗址和墓葬，这说明早在商代北京地区已有汉人的祖先定居。周初封召公之后于北燕，都蓟。蓟城很可能就是商人修建的，因为周代没有记载过“城蓟”（修筑蓟城）的事。可以想像当时的人口是很稀少的，集中在一些有防御工事的居民点中，周围是游牧的少数民族。《史记·燕召公世家》说“燕外迫蛮貉，内措齐晋”，经常受到山戎的侵扰。整个春秋战国时期，这一带汉人长期和少数民族居住在同一地区，汉人集中在城市和近郊，少数民族散居在山区和平原的牧场上。

秦汉以后这里是北京的军事重镇，居民中相当数量的人是军人，并且汉人和少数民族一再交替控制这一地区，居民成分变化很大，很难形成稳定的传统。辽金在北京建都，居民中有很大一部分是汉人。元代的大都是一个多民族的大都会，其中汉人有多少，占多大的比例，现在已不太清楚。根据当时的史料和元杂剧的描写，汉人占多数是很可能的。明代北京肯定是汉人占绝对多数，原有的蒙族居民大多数已随元皇室人员北撤，其他少数民族居民后来逐渐和汉族同化。李自成攻进北京，明将吴三桂引满族贵族入关，北京居民大部分外逃，内城居民全部迁到外城，今天的东西两城只准八旗王公大人和后来的汉族高级官员居住，居住成分变化极大。

元明交替，明清交替，因为统治大权在不同民族之间易手，北京居民成分都会有很大变化，这种社会变革不可能不对北京话的演变留下痕迹。但是今天要查考这些变革对北京话的具体影响已十分困难。

一个地区的语言变化是和居民成分的变化分不开的，因此有必要了解一下北京地区从辽代到目前的人口变化和增长的大致情况。但是要确切了解北京地区的人口变化和增长的情况有很多困难，主要是缺乏可靠的资料。历代的正史和地方志都有这方面的材料，但是统计范围、统计标准、计算单位都不统一，缺乏科学性。就统计范围而言，历代统治阶级统计户籍是为了征收赋税，征派兵役和劳役，所以统计对象一般不包括统治阶级的上层集团和现役兵丁、各级官吏，有时候只统计能应差的男丁，妇女老幼都不统计。例如清代前期的民户统计，只计丁，不计未成年的男子和妇女，而且“民户”不包括满人和八旗官兵，也不包括“番户”（其他少数民族），甚至不包括从事手工业和所谓“贱业”的人口。现在研究人口问题的人认为，当时的一“丁”大致相当于四个人，这个比例是比较近乎实际的。另外，相当于今天的北京市的行政区划范围历代也不尽一致；大兴、宛平两县也不等于今天的北京城区，连近郊区也包括在内。因此，统计数字只能参考，不是绝对可靠的。有的材料只有户数，没有口数，我们不得不用一个大致的比数折合成口数。我们根据万历《顺天府志》，“大兴县原额一万五千一百六十三户，七万一千七百九十七丁口，实在一万五千一百六十三户，七万一千七丁口”，和“宛平县原额一万四千四百四十一户，六万一千二百一十五丁口，实在一万四千四百四十一户，六万二千六十七丁口”。这两条的实在丁口（“丁”指男丁，“口”指男丁以外的其他人口，因此“丁口”相当于实际人口）数字除以户数，得出一个平均比数 4.5，也就是一户大致 4.5 人。凡只有户数没有人口数字时用这个比数折算（所算数字放在圆括弧内，以资区别）。以下的数字主要依据清代万青黎等修张之洞等纂的《顺天府志》，同时也参考了其他材料。使用其他来源的数字时一一注明。

顺天府或北京市历代人口数字

辽(907—1125)后期[①]		300,000
金(1115—1234)	225,593 户	(1,015,169)
元(1206—1279)	147,590 户	401,350

① 据侯仁之、金涛:《北京史话》，上海人民出版社，1980 年，43 页。

明弘治四年(1491)	100,518 户	669,033
清顺治八年(1651)	104,392 丁	(417,568)
1913①		728,000
1930②		1,300,000
1936③		1,551,000
1948④		2,030,000
1958⑤		6,600,000
1979⑥		8,700,000
1982⑦		9,230,687

大兴、宛平两县或北京市市区历代人口数字

辽(907—1125)后期	42,000 户	(189,000)
明洪武十四年(1381)	12,210 户	(54,945)
万历(1573—1620)	29,604 户	133,074
清光绪八年(1882)	64,748 户	386,640
1948		1,650,000
1958		3,600,000
1979		4,950,000
1982		5,597,972

这里说的北京市区指的是城区和近郊区。我们没有找到单指城区的历代人口数字。如果假定城区和近郊区的人口比例为 4∶1,那么从明代万历年间到目前北京城区人口的增长变化约略如下：

①②③ 据《英国百科全书》第十五版“北京”条。

④⑤⑥ 据 1980 年 6 月 10 日《人民日报》第三版陈克寒文,下同。

⑦ 据国家统计数字,下同。

1620 年	106,459 人	1882 年	309,312 人
1948 年	1,320,000 人	1958 年	2,880,000 人
1979 年	3,960,000 人	1982 年	4,478,377 人

在解放初期究竟北京城区有多少地道的北京人,我们一直找不到可靠的材料。公安户籍部门没有这方面的统计资料。解放以来北京城区的人口迅速增长,其中一大部分是机械增长,也就是外地人迁入北京城区造成的人口增长现象。如果 1948 年北京城区人口为 132 万左右,又假定其中半数是北京本地人,那么即使以 30 年自然增长 50%计算,目前北京城区地道的北京人也才 99 万人左右,只占目前城区人口的 22%,也就是说,每五个多人中只有一个是地道的北京人。当然,这样估算只能说明一个大致情况,不一定完全可靠。

北京历代的人口数字情况大致如此。

2.2 考虑到家庭语言环境对语言习惯形成的巨大影响,有必要对持有北京户口的人进行分类。首先应该区分北京人和外地人。

"北京人"指的是在北京出生和长大的人,"外地人"指的是在外地出生和长大,但是目前在北京居住的人。按北京的传统,这里的"北京"不包括北京市辖的各县,例如通县人、平谷人不能称作"北京人"。在解放前,"北京人"心目中的"北京"只限于城区,海淀、南苑、东坝等近郊区都不是"北京",那儿的人也不能算是"北京人",而是海淀人,南苑人,东坝人等等。目前的情况是城区扩大了，出生和成长在这扩大了的城区的人当然也是“北京人”。但是近郊区，特别是海淀、朝阳两区和丰台区原属南苑的这一部分究竟包括不包括在这狭义的“北京”范围内，那些地方的人能不能算作“北京人”还很难下结论。这个问题也许要等到对这些地区的语言状况进行深入的调查以后才能解决。至于石景山区、门头沟区、南苑部分以外的丰台区，在老资格的“北京人”的心目中已经是离北京很远的地方，是远郊区，那些地方的人不能算是“北京人”。

“外地人”的情况很复杂，有北方人，有南方人；有北京话说得很好的，有在北京住了几十年而还是一口家乡话的。“外地人”在必要时可以按籍贯进行再分类。

其次，“北京人”还可以再分为“老北京人”和“新北京人”两类。这里是“新”、“老”对立，不是“年轻”和“年老”对立，“老北京人”指的不是“老年的”“北京人”。

“老北京人”指的是父母双方是北京人，本人在北京出生和长大的人。就北京的具体情况而言，追溯到父母一辈就可以了，没有必要再往上追溯，因为在解放前北京的人口成分还是比较稳定的，北京话的变化也不太大。

“新北京人”指的是父母双方或一方不是北京人，但是本人在北京出生和长大的人。“新北京人”的情况也比较复杂，也可以根据父母的籍贯进行再分类。如果父母双方籍贯不同，根据母方的籍贯来分类，因为子女在语言习惯的形成过程中一般受母亲的影响比较大。

以上的分类,尽管尽可能下了比较明确的定义,事实上还是不十分科学的,而且显然是不很周全的。例如有人父母都不是北京人,出生在外地,但是三岁以前到了北京,一直住在老北京人占大多数的大杂院里,长大了说的是很地道的北京话,可是按我们的分类法这样一个人连新北京人的资格都不够,只能算"外地人",就不成文的籍贯法来看,这样的分类说得过去,但是就这个人使用的语言来看,说他是"外地人"不能确切地反映他所使用的语言的实际情况。又例如有人父母双方都是北京人,本人又是在北京长大的,说的也是地道的北京话,可是恰恰是在外地出生的,按我们的定义这样的人就没法归类。因此我们有必要声明:我们的分类是大概齐的,目的是为了便于反映家庭语言环境的影响,不是为了其他目的。

§3 北京话

3.1 北京话是北京人说的话。老北京话是老北京人说的北京话,新北京话是新北京人说的北京话。但是具体到每一个北京人,有的老北京人,特别是年轻人,有可能说的不是老北京话而是新北京话,例如在外地人占多数的机关大院里长大的北京人的子女就可能是这种情况。另一方面,有的新北京人,特别是老年人,有可能说的是老北京话而不是新北京话，例如在老北京人占多数的大杂院里长大的新北京人就可能是这种情况。

老北京话和新北京话的区别主要在于老北京话保留更多的地方特色，保留更多的土话土音，而新北京话则更接近普通话，较少土话土音。（请参阅本书《普通话和北京话》）

北京话从总的来说比其他方言更接近普通话，但是北京话不等于普通话，北京话是北京的土话，和其他方言一样是一种方言。

3.2 北京历史悠久，人口众多，因此北京话存在明显的内部差异。就目前来说，老北京话和新北京话就是北京话的两种主要的不同的变体。牛街的北京话显然有自己的特点，但是牛街北京话和北京其他地区的回民的北京话是不是基本一致还不清楚。如果基本一致，那么就可以说是回民北京话；如果不一致，而和当地汉民的北京话基本一致，那么只是地区差异，就不存在回民北京话，只能说是牛街北京话。满人在北京没有聚居区，但是满人的北京话也有自己的一些特点。满人的北京话究竟有哪些特点（除了人所周知的某些特殊的亲属称谓和少数满语借词外），这些特点是否足以构成一种“满人北京话”，这在目前也不清楚，还需要做深入细致的研究。北京话的内部差异问题几乎还没有研究，所以很多问题都还不很清楚。

3.3 北京话的渊源，或者说是北京话发展史，是一个饶有兴趣但又难度相当大的研究课题。周口店四五十万年前的“北京猿人”会不会说话，如果会说话，说的是什么话？这样的问题解决不了，也离我们太远了，可以不论。拣近的说，辽代的南京（即今北京）话、金代的中都话、元代的大都话和今天的北京话是不是一脉相承的关系？周德清的《中原音韵》所反映的音系是不是元代大都话音系？元、明两代的北京话和今天的北京话有什么不同？在历史上官话和北京话究竟是什么关系？元代的蒙族和清代的满族对北京话有过什么样的影响？还有，今天的北京话和周围的河北方言差别很大，而和吉林、黑龙江两省的东北话反而很接近，和哈尔滨话相去无几，和远在东北边陲的宁古塔的话几乎基本相同，这又是怎么回事？这一类问题还有很多，都需要花功夫去研究探索。由于北京话的特殊地位，对北京话发展史的研究成果将会成为汉语发展史的重要内容。至于对现代北京话的研究则更有其现实意义，并且也是现代汉语研究的一个重要方面，完全不同于对一般方言的研究。

普通话和北京话

§1 普通话

1.0 “普通话”的概念不少人认为是不那么明确的，个别人甚至认为是极其模糊的，几乎是难以确定的。这样，究竟什么是“普通话”就在不同程度上成了问题。

1.1 “普通话”的定义。 “普通话”在正式文件中的定义是：“以北方话为基础方言，以北京语音为标准音，以典范的白话文著作为语法规范”的汉民族共同语。[①] 普通话的这个定义是在特定的历史条件下诞生的，符合当时的人情，可是并不符合普通话的实际，在不少地方是含糊不清的，并且和推广过程中的实际要求是不一致的。当时还把尚待推广的，有明确规范的普通话说成是早已形成的，没有明确规范的“官话”，这样说也是不恰当的，并且必然会引起混乱。民族共同语和民族标准语是两个不同的概念。民族共同语一般是自然形成的，可以没

① 参见《现代汉语规范问题学术会议决议》，载《现代汉语规范问题学术会议文件汇编》，科学出版社，1956 年。

有明确的规范。"官话"正是这样一种汉民族共同语。民族标准语是有明确规范的民族共同语，是在民族共同语发展的一定阶段人为地推广的。普通话就是这样一种汉民族标准语。

从二十多年来推广普通话的实践来看，普通话实际上是在现代白话文的影响下，在北京话的基础上形成的，通行于广播、电影、话剧等群众性宣传渠道的汉民族标准语。普通话的基础方言不是哪一个地点方言，也不是泛泛的北方话，而是一种在现代典范的白话文著作的影响下通行于北京地区知识阶层的社会方言。因此，普通话既不是以北方话为基础的"官话"，也不是作为一个地点方言的"北京话"。

1.2　现有的普通话定义的由来。　"普通话"用来指汉民族的共同语是在 20 世纪 50 年代开展现代汉语规范化运动时正式提出来的。1955 年 10 月在北京召开了现代汉语规范问题学术会议，会议的《决议》指出："普通话以北方话为基础方言，以北京语音为标准音。"同年同月在北京先期召开的全国文字改革会议上，当时的教育部部长张奚若作了《大力推广以北京语音为标准音的普通话》的报告，报告中提到："这种事实上已经逐渐形成的汉民族共同语是什么呢？这就是以北方话为基础方言，以北京语音为标准音的普通话。"[1]在同一报

---

① 张奚若：《大力推广以北京语音为标准音的普通话》，载《全国文字改革会议文件汇编》，全国文字改革会议秘书处编，1956 年，39 页。

告中对“普通话”的含义及其源流作了说明：

“宋、元以来的白话文学使白话取得了书面语言的地位。元代的《中原音韵》通过戏曲推广了北方语音。明、清两代，以北方话为基础方言、以北京语音为标准音的‘官话’在人民中立下了根基，逐渐形成现代全国人民所公认的‘普通话’（‘普通’在这里是普遍、共同的意思，而不是平常、普普通通的意思）。五四运动以来，新文学作家抛弃了传统的文言，一致采用‘白话’写作，学校教科书和报纸也开始采用白话。这样就大大地发展了历史上原有的北方‘官话’，加进了许多其他方言的有用的成分和必要的外来语成分，迅速地促进了普通话的提高和普及。现代交通的发展和人民革命斗争的发展在普通话的传播上也起了很大的作用。革命的武装队伍走向各个农村、各个城市，到处跟人民群众亲密团结，生活在一起，一面学习普通话，一面就传播普通话。这个传播的作用在人民解放战争中推广到了全中国的每个角落。

“根据以上简略的叙述，可见地域方言虽然存在，但是由方言口语发展而来的共同的语言已经逐渐形成了。”[①]

罗常培和吕叔湘的《现代汉语规范问题》[②]对“普通话”的说明和张奚若的报告基本相同。关于“官话”和“普通话”之间的关系，罗常培和吕叔湘的文章有进一步的说明，他们认为“辛亥革命以后，官话的名称被‘普通话’所代替”，[③]这也就是

---

① 张奚若：《大力推广以北京语音为标准音的普通话》，载《全国文字改革会议文件汇编》，全国文字改革会议秘书处编，1956年，38页。

② 罗常培、吕叔湘：《现代汉语规范问题》，载《现代汉语规范问题学术会议文件汇编》，科学出版社，1956年，4—22页。

③ 同上，10页。

说“官话”和“普通话”是二而一的，仅仅名称不同而已。张奚若虽然没有说得这么明确，但从全文看来，也是这个意思。至于这种称为“官话”或“普通话”的民族共同语是否已经形成，这两个报告都说得不太明确。罗常培和吕叔湘说“我们已经有民族共同语”[①]，张奚若说“共同的语言已经逐渐形成了”。“已经逐渐形成了”不好理解，究竟是“已经形成了”，还是“在逐渐形成中”？张奚若的报告在谈到民族共同语的地方几次使用“已经逐渐形成”这样的提法，看来就不是一时措词不明确，而是有意含糊其词。罗常培和吕叔湘的报告虽然明确地说“我们已经有民族共同语”，但是这种“已经有”了的民族共同语指的是不是就是“普通话”，也就是说，我们是不是已经有了“普通话”，这一点是不明确的。在这些问题上，看来当时是有意说得不那么明确的。因为，如果“普通话”早已形成，早已客观存在，那么还有什么必要再去推广？但是又不能说没有形成，因为当时社会上有相当一部分人不同意“以北京语音为标准音”的“普通话”；说“已经形成”，或者更巧妙地说成“已经逐渐形成”，有利于说服持不同意见的人接受“以北京语音为标准音”的主张。这样，虽然以上这两个报告当时都顺利地通过了，却使“普通话”的含义留下了不少含糊的、不明确的地

① 罗常培、吕叔湘：《现代汉语规范问题》，载《现代汉语规范问题学术会议文件汇编》，科学出版社，1956 年，11 页。

方。至少有这样一些问题是含糊不清的:(1)"普通话"究竟是不是就是"官话"(或者"国语")?(2)"官话"是不是"以北京语音为标准音"?(3)"以北京语音为标准音"的"普通话"是不是已经形成,已经是一种客观存在?(4)"以北方话为基础方言"是什么意思?(5)"以北京语音为标准音"中的"北京语音"具体指的是什么?

1.3 现有的普通话定义中的不确切的提法。

1.3.1 "普通话"是不是等于"官话"? "普通话"究竟是不是就是"官话"?"普通话"和"官话"是不是仅仅是不同时代的不同名称?我们认为,"普通话"和"官话"不是一回事,"普通话"和"官话"的差别是相当大的。今天50岁以上的人过去有机会听到过"官话",那样的"官话"和现在的"普通话"有显著的不同。"官话"可以说是在北方话基础上历史地形成的民族共同语,但是还不是"规范的"民族共同语。"官话"没有明确的规范,某种意义上是北方话的最大公约数,也就是尽可能去掉了土腔土话的北方话。"官话"允许有各种地方变体,如"北京官话"、"山东官话"、"四川官话"乃至"江浙官话"、"广东官话"等等。"官话"是由于全民交际的需要自然形成的,并且是在口头交际过程中自然"推广"的。张奚若的报告中所说的在革命战争时期"革命的武装队伍走向各个农村、各个城市","一面学习普通话,一面就传播普通话",这里的"普通话"实际只能是"官话",和我们现在说的"普通话"没法是一回事。

在解放初期，对于当时正在酝酿要加以推广的规范的汉民族共同语的“普通话”，有两种不同的意见。罗常培和吕叔湘的报告中提到了这一点：

“主张拿北京话做标准的同志们说：按照马克思主义的语言学说，民族共同语的形成是以一定的方言为基础的，在所有的汉语方言里只有北京话最有资格做民族共同语的基础。因为北京是全国政治、经济、文化的中心；北京话已经在相当广大范围内使用，如广播、电影、话剧等等；北京话拥有优秀的文学作品。而且，只有一个具体的话的语言才有内部一致的规范，普通话是没有内部一致的规范的。主张拿普通话做标准的同志们说：能说北京话的人不多，能说普通话的人却很多，应当重视多数人的利益，不能叫多数人去迁就少数人。而且文学语言的书面形式即白话文都是用普通话写的，连文学作品也只有少数是用纯粹北京话写的。”①

在解放初期推广普通话的工作还没有开展以前，多数人已经能说了的，又不同于广播、电影、话剧中所说的所谓“北京话”的“普通话”显然指的只可能是过去那种没有明确规范的“官话”，而不是后来推广的有明确规范的“普通话”。当时正是“重视多数人的利益”，才对“普通话”作了那样的解释。但是后来在推广普通话的实际工作中，推广的却并不是所谓多数人已经能说了的等于“官话”的“普通话”，而是长期以来在

---

① 罗常培、吕叔湘：《现代汉语规范问题》，载《现代汉语规范问题学术会议文件汇编》，科学出版社，1956年，11页。

广播、电视、电影、话剧中使用的更接近北京话的“普通话”。这当然是一个矛盾。正因为“普通话”的权威性定义和“普通话”的实际有出入，不少人就感觉到“普通话”的含义是不那么明确的。再加上直到目前为止，还有相当多的人，特别是方言区的人，仍然认为“普通话”就是像过去的“官话”那样的“普普通通的话”，而把现在的“普通话”误认为北京话，结果“普通话”的含义就更加含糊不清了。

1.3.2 官话是不是以北京语音为标准音？ 张奚若的报告提到了明清两代“以北方话为基础方言，以北京语音为标准音的‘官话’”，[①]罗常培和吕叔湘的报告认为“普通话在语音规范方面一直是拿北京话做标准”的。这里提到的“普通话”指的是“官话”，所以才说“一直”怎么样。那么“官话”真的是以北京语音为标准音的吗？我们认为不是，“官话”并不是以北京音为标准音的。我们的根据有三条。

(1) 解放前在南北各地通行的“官话”并不以北京语音为标准音。“官话”没有明确的语音规范，只要接近北方话，北方话地区的人一般能听懂就行，所以从原则上就不可能“以北京语音为标准音”。下江“官话”、西南“官话”和北方“官话”有一定距离，即使是北方“官话”也和北京话不同。现在还有不少

---

① 张奚若：《大力推广以北京语音为标准音的普通话》，载《全国文字改革会议文件汇编》，全国文字改革会议秘书处编，1956 年，38 页。

人听见过或自己也说过"官话"，如果说那时候的"官话"是"以北京语音为标准音"的，这是和事实不符的。

（2）北京话和很多方言一样存在文白异读的现象。我们认为这些不同于北京话的白话音的"读书音"正是"官话"音对北京音的影响。北京话语音中"读书音"的存在正好说明了"官话"在语音方面不是以北京语音为标准的，而另有传统。如果"官话"果真"以北京语音为标准音"，那么北京话就不应该有文白异读现象。可是北京话的文白异读现象是确实存在的，并且是相当引人注目的，不是微不足道的个别现象。北京话的文白异读主要集中在一些古入声字上，如江摄的觉韵，宕摄的药韵、铎韵，梗摄的陌韵、麦韵，曾摄的职韵、德韵等。这似乎不是一种偶然现象。不少人认为"官话"在相当长的一个时期内还有入声，而北京话的入声则消失得比较早。受"官话"读音影响的北京话的"读书音"恰恰集中在一些入声韵上，正好说明了这一事实。以下是一些常用字的北京话文白异读的例子：

白话音/读书音	汉　字
-ao/-o	剥，驳，着，弱，薄，落
-iao/üe	学，药，约，嚼，削
-ai/-o	白，伯，柏，迫，魄，脉
-ai/-e	宅，窄，摘，色，测
-ei/-e	得，勒

还有一些大家都比较熟悉的例子，如"绿"lǜ/lù，"膝"qī/

xī,“秘”mì/bì,“朽”qiǔ/xiǔ,“血”xiě/xuè,等等。不过,这些例子不成系统,还可以认为是个别例外。相反,上面这些例子决不能说是个别的例外现象。我们在这里举的例子还是考虑了普通话审音委员会对汉字读音重新审定以后的现状的。在这次审音过程中废弃了不少读书音,采纳了不少北京话的白话音。如果推前 50 年,北京话文白异读现象的范围还要大一些,涉及的例子还要多得多。

能不能认为北京话的文白异读在性质上不同于其他方言的文白异读呢?北京话的文白异读会不会是白话音和读书人按古反切读音的差别呢?试以“觉”字为例。按《广韵》的反切“觉”古岳切,“岳”五角切;“岳”不算常用字,“角”是常用字,理应韵母是-iao,何况“觉”和“角”同一小韵。再以“陌”为例。“陌”也许不常见,但反切是“莫白”,“白”是常见的,理应切 mài,读 mò 显然是受了某些外来影响,从北京话本身找不到根据。那么能不能认为北京话的“读书音”是北京话本身早期读音的遗留呢?从历史音变的一般规律来看,在不太长的历史时期内,韵母从 o→ao,üe→iao,o→ai,e→ai,e→ei 是不大可能的。因此,更合理的解释是这种读音是某种外来影响的结果,而这种外来影响根据其他方言的常例来判断应该是“官话”的读音。既然“官话”的读音不同于北京语音,“官话”就不可能是“以北京语音为标准音”的。

(3) 早在《中原音韵》时代,在大都(今北京)地区今天文白异读的入声字就有两种不同的读音，并且也是-o/-ao，-o/-iao这两种读音，分布范围和今天北京话读书音和白话音异读的分布范围大致相同。《中原音韵》歌戈韵、萧豪韵两收的字如：

例字	拟音
薄，箔	-o/-ao
缚	-o/-ao
凿	-o/-ao
浊，濯，镯	-o/-ao
鹤	-o/-ao
萼，恶	-o/-ao
洛，落，乐，酪	-(u)o/-ao
若，弱	io/-iao
虐，疟	-io/-iao
略，掠	-io/-iao
学	-io/-iao

1.3.3 普通话在20世纪50年代尚待推广并非早已形成。 作为民族共同语的"官话"应该说早已形成，早已是一种客观现实。但是作为规范的民族共同语的"以北京语音为标准音"的"普通话"在50年代讨论汉语规范问题的时候却不能说"早已形成"，如果真的"早已形成"，也就不需要讨论，更不需要推广了。事实上，当时能说这种"以北京语音为标准音"的"普通话"的人在全国范围内是极少数，因为即使是"天津官话"、"河北官话"、"东北官话"等等也还不能算是"以北京语音为标准音"的"普通话"。因此，这种规范的民族共同语"普通话"在全国范围内还并没有形成，而必须借助行政措施

有组织有计划地加以推广。推广普通话的工作从开始到现在二十多年过去了，取得了很大的成绩，但是在我国这样一个幅员辽阔，人口众多，方言分歧严重而文化又不够发达的国家中，要全面推广一种高度规范化的民族共同语就不是在一个较短的历史时期内所能完成的。一般说来，民族共同语是在同一民族内部通过长期的互相交往自然形成的，而规范的民族共同语，也就是民族标准语，则是在有意识的民族语言规范化过程中逐步形成的。自然形成的民族共同语和规范的民族共同语或民族标准语往往有密切的关系，但是毕竟不是一回事。把两者等同起来实际上就会取消有意识的规范化的努力。现代汉语规范化运动是从 20 世纪 50 年代开始的，如果从“国语”运动算起则是从 20 年代便已开始的。世界各国民族语言规范化成绩最为卓著的是法国，法语的规范化运动是从 1635 年建立负责法语规范化工作的法兰西学院开始的。经过三百多年坚持不懈的努力，到现代才在法国全境基本上推广了以巴黎语音为标准音的规范的法兰西民族共同语。由此看来，在我们这样一个国家，现代汉语规范化的过程恐怕不会太短。因此，不论是在 20 世纪 50 年代还是在目前，说“以北京语音为标准语音”的规范的“普通话”在多数人中间已经是一种“客观现实”，“已经形成”，这是不符合事实的。

1.3.4　普通话很难以泛泛的北方话为基础方言。　普通话“以北方话为基础方言”，看来似乎顺理成章，但是仔细推敲起来就有不少问题。“以某种方言为基础方言”意味着这种方言为民族共同语提供了语音、语汇和语法方面的规范，如现代规范的法兰西民族语言以法兰西岛方言为基础方言，现代规范的俄罗斯民族语言以库尔斯克—奥勒尔方言为基础方言（据斯大林的意见），等等。基础方言要为规范的民族共同语提供明确的语言规范，因此往往是一个方言点，这样才有可能有相对稳定和明确的语音、语汇和语法规范。北方话代表的不是某个方言点而是一个大方言区，内部有众多在语音、语汇方面有重大差异的方言，在语法方面差异虽然较小，但是也不能说内部完全一致。这样，“普通话”究竟通过什么方式来“以北方话为基础方言”呢？事实上这样做是有困难的，因此又规定在语音方面“以北京语音为标准音”，在语法方面以“现代的有代表性的作品里的一般用例”[①]为语法规范，或者像后来通行的说法那样，“以典范的白话文著作为语法规范”。在语音和语法这两方面的规范都已经另有“基础”，北方话作为“基础方言”的作用就只剩下一个语汇领域了。现在再来看看自推广“普通话”之日起又是怎样“以北方话为基础方言”的。从20世纪50年代在全国推广以北京语音为标准音的“普通话”以来，汉语的口语语汇也有了明显的发展，语汇大大地丰富

---

① 罗常培、吕叔湘：《现代汉语规范问题》，载《现代汉语规范问题学术会议文件汇编》，科学出版社，1956年，13页。

了。这些新语汇百分之九十九并不是来自普通话的“基础方言”，而主要来自书面语，一小部分来自全国各主要方言，占优势的是北京方言和吴方言，而不是一般的北方话。当然，可以说现代汉语的书面语白话文本身就是“以北方话为基础方言”的，所以新语汇主要来自书面语也就等于来自北方话。但是书面语的新语汇并不是从北方话取材的，大部分来自书面语本身，相当一部分是由古汉语成分构成的。至于现代白话文是不是以北方话为基础方言的还值得深入研究。旧白话文以北方话为基础方言，这大概没有什么问题。相应的口语形式“官话”也正是“以北方话为基础方言”的。可是现代白话文尽管和旧白话文有继承关系，但和旧白话文有很多不同之点。最明显的不同之点就是基础方言有所不同。旧白话文用“爹”、“娘”、“俺”、“啥”等等，现代白话文改用“爸爸”、“妈妈”、“我”、“什么”等等，而“俺”和“啥”成了典型的方言词。为什么？就因为北京话和一般北方话不同，不说“爹”、“娘”、“俺”、“啥”而说“爸爸”（更常见的是“爸”）、“妈妈”（更常见的是“妈”）、“我”、“什么”等等，这些正是北京话和一般北方话的不同之处。现代白话文运动是五四时期在北京兴起的，当时的白话文作家不管原籍是什么地方，大多数住在北京。他们除了继承了一部分旧白话文的传统因素以外，主要从北京话取材。分析一下早期现代白话文的作品不难得出这样的结论。因此，现代白话文可以说是在继承旧白话文的传统的同时，以北京话为基础方言的。另外，还必须考虑到“官话”和“普通话”的传播方式截然不同。“官话”主要是通过口头交际的方式传播的，说北方话的人都有可能是“官话”的传播者，也正因为如此，“官话”很难有一个统一的明确的规范。“普通话”主要是通过现代白话文，以及广播、电视、电影、话剧和各级学校的语文教学渠道传播的，而广播、电视、电影、话剧等依据的又主要是用书面语事先写好的各种稿子和脚本。在这些场合，一般的说北方话的人起不了多大作用，能起一点作用的主要还是能说北京话的人，可是这种作用也仅限于正音方面，因为语汇、语法乃至句式等，还得一概根据规范的书面语。解放以来，从各地的方言调查（包括对北京话的调查）来看，方言正在迅速向“普通话”靠拢。但是仔细分析一下，各地的方言都并不是直接向“普通话”的口语形式靠拢，而是向书面语靠拢，然后再从书面语进入口语。北京话也正在迅速向“普通话”靠拢，但是即使在北京说普通话的人比较多，北京话也主要不是通过口头交际的途径向普通话靠拢的，而是向书面语和电台、电视台的广播靠拢。因此，从实际情况来看，说“普通话以北方话为基础方言”至少是很难落实的。

1.3.5　普通话实际上并不完全以北京语音为标准音。

普通话审音委员会《普通话异读词三次审音总表初稿》[①]说

---

① 见《中国语文》1963 年第 1 期，29—89 页。

明，所谓“以北京语音为标准音”是“审音的标准，根据北京音系，可也并不是每一个字都照北京话的读法审订”。[①] 这里说明的有两点。一点是所谓“北京语音”指的并不是“北京话的读音”，而只是“北京音系”，也就是审定的读音规范不超出北京话的声韵母和原有音节（声韵母搭配）的范围。事实上就“音系”而言，不少北方话范围内的地点方言的音系和北京话没有多少区别，仅仅声调的调值不同而已。还有一点是审音后的规范读音不一定就是北京话的读音。经过这样的说明，“以北京语音为标准音”的含义和“法语以巴黎语音为标准音”的含义就大不相同。结果，“普通话”的语音规范就不是以某个活的方言为依据，而是由普通话审音委员会来规定。为什么会出现这种奇特的现象呢？原因是“以北方话为基础方言”的“官话”的传统力量还是如此强大，完全改弦易辙一时不容易办到。因此“普通话”的语音规范实际上是一种北京音和“官话”音的混合体，并不是真正的“北京语音”。在审音过程中不少字的“官话”音已经改成北京音了，如“白”现在读 bái，不读 bó 了；但是还有不少字保留了“官话”音，如“雀”读 què，不读 qiǎo；还有不少字有两种读音，一种是“官话”音，一种是北京音，如“角”既读 jiǎo，又读 jué。这种审音办法，不管有多少细则规定，结果必然会带来混乱。“贝壳”审定为 bèikér（还

---

① 见《中国语文》1963 年第 1 期，29 页。

加“儿”!),而“地壳”这样一个明显的书面语成分却审定为dìqiào。这就是“以北京语音为标准音”的实际情况。

1.4 “普通话”的定义有这么多问题,那么是不是“普通话”的概念真的是极其模糊,完全含糊不清了呢?实际情况却又并不如此。推广“普通话”的工作虽然现在还没有在全国完成(看来还需要很长一个时期才能完成),但是“普通话”已经是一种客观存在。普通话就是现在电台、电视台的广播员和电影、话剧演员所使用的语言,这实际上是规范的现代汉语书面语的口语形式。这一点可以说已经得到社会的公认,并没有任何含糊的地方。至于“普通话”的定义,如果过去不够明确,通过推广普通话的实践,完全可以修改,使它逐步明确起来。

§2 北京话和普通话的差异

2.1 现在有的人误以为普通话就是北京话。实际上北京话和普通话有差异。初到北京的人也许觉察不到北京话和普通话的差异,但是常住在北京的人就会发现北京话和普通话有不少地方是很不相同的。撇开语法方面可能有的细微差别不谈,在语音和语汇方面有不少不同之点。

2.2 在语音方面北京话和普通话的差异如:

(1) 北京话同一个意思只有一种读音,普通话有两种读音，一种是北京音，另一种是"官话"音：

汉字	北京话	普通话
阿	ā	ā，ē
伯	bāi(bǎi)	bǎi，bó
剥	bāo	bāo，bō
薄	báo	báo，bó
臂	bèi	bèi，bì
给	gěi	gěi，jǐ
嚼	jiáo	jiáo，jué
角	jiǎo	jiǎo，jué
觉	jiǎo	jiǎo，jué
落	lào	lào，luò
勒	lēi	lēi，lè
绿	lǜ	lǜ，lù
迫	pǎi	pǎi，pò
塞	sāi	sāi，sè
色	shǎi	shǎi，sè
削	xiāo	xiāo，xuē
寻	xín	xín，xún
钥	yào	yào，yuè
跃	yào	yào，yuè
凿	záo	záo，zuò
着	zháo	zháo，zhuó

（2）北京话读音和普通话读音不同：

汉字	北京话	普通话
逮	dēi	dǎi
朽	qiǔ	xiǔ

熟	shóu	shú
学	xiáo	xué

(3)“儿化”和轻声。当年陆志韦在《关于北京话语音系统的一些问题》一文中提到:“(1)北京话的儿化词须要全部在普通话里巩固下来么?(2)某些在构词上出现的轻重音的分别都得保存下来么?”[①]

今天看来,北京话和普通话的一个显著区别正好是北京话有很多词儿化,普通话不儿化。以下是一些北京话非儿化不可而普通话一般不儿化的例子:

北京话	普通话	北京话	普通话
花儿	花	媳妇儿	媳妇
馅儿	馅	手腕儿	手腕
盆儿	盆	干劲儿	干劲
玩儿	玩	茶几儿	茶几
杓儿	杓	电子管儿	电子管
事儿	事	一点儿	一点
树叶儿	树叶	一合儿	一合
小孩儿	小孩	没词儿	没词
小刀儿	小刀	靠边儿	靠边
院儿里	院里		

我们知道普通话是跟书面语走的,而书面语很少儿化,即使是北京作家笔下的书面语也比口语儿化少得多。可以说书

① 罗常培、吕叔湘:《现代汉语规范问题》,载《现代汉语规范问题学术会议文件汇编》,科学出版社,1956年,53页。

面语基本上不儿化，因此普通话也基本上不儿化。当然，书面语"可以"儿化，不过那样就带有方言色彩了。

北京话有轻声，《现代汉语词典》的注音注了轻声，基本上和北京话相符，如"老实"lǎo·shi，"老师傅"lǎoshī·fu；也有个别的北京话是轻声，没有注轻声，如"西瓜"北京话读 xī·gua 或 xī·gu，注音是 xīguā。轻声似乎没有花很大力气去推广（除了一些助词以外），将来普通话是否保留像北京话这么多的轻声还要看发展。不过可以预料，由于汉字不是拼音文字，不反映读音，即使普通话有轻声也一定会比北京话少得多。

2.3 在语汇方面北京话和普通话的差异也许是最明显的。尽管普通话已经吸收了大批北京话的语汇，还是有相当一部分语汇北京话和普通话不同，并且还是一些常用的语汇。以下是一些北京话和普通话不同的常用语汇的例子：

北京话	普通话	北京话	普通话
瞧，瞅	看	抠	吝啬
剋 kēi	打或骂	且，结，打	从
寻	要或借	包	（手）提包
头	前	头里	前面
今（明、昨）儿（个）	今（明、昨）天	洋灰	水泥
胰子	肥皂	耗子	老鼠
鸡子儿	鸡蛋	姆末	我们
伍的	什么的	提搂	提
言语	说（话）	起子	酵母

溜溜，溜达	散步	没辙	没办法
撂蹦儿	发脾气	擦黑儿	傍晚
赶明儿	以后	说话(就到)	立刻，马上
消停	安静，安稳	蝎里虎子	壁虎

我们这里只是举了一些日常生活中最常用的例子，北京的土话多得很，没有必要，也很难一一列举。不过以上的少数例子也已经足以说明北京话无论是在语音方面还是在语汇方面都和普通话有不少差异。至少就目前的情况来看，北京话还是一种方言，还不等于普通话。去掉了土腔土话的北京话十分接近普通话，但是也还不等于普通话，所以侯宝林说"我们说的北京话，接近普通话，不是北京土话，是精炼的北京话。"①

§3 北京话和普通话的趋向

3.1 从20世纪50年代全面推广普通话以来，北京话发生了很大的变化，总的趋势是在迅速向普通话靠拢。北京话在很短的历史时期内发生这么大的变化主要有两方面的原因。

3.1.1 第一个原因是解放以后大量的外地人来到北京，

---

① 侯宝林：《戏剧与方言》，载《传统相声集》，上海文艺出版社，1981年，411页。

并且很快在人口比例上超过了本地人。这些外地人说的是南腔北调的外地话或者是不太规范的普通话。北京人为了和周围众多的外地人进行交际,不得不尽可能放弃北京话里面的土腔土话,改说"普通话"。当然,这种"普通话"在语音、语汇方面还保留不少北京方言的特色;但是,应该说这种"普通话"比任何其他地区自然形成的"普通话"更接近标准的普通话。这样,北京话就产生了两种不同的语体,一种是在家庭内部以及和北京人来往时使用的家常语体,也就是北京土话,或称老北京话;另一种是在机关、单位以及和外地人来往时使用的社交语体,也就是去掉了土腔土话的北京话,或者说是北京的"普通话",在一定程度上也就是新北京话。现在除了极少数的从来不工作的老年人以外,北京人都会说"普通话",仅仅是规范程度不等而已,也就是夹杂的北京话的土腔土话多少而已。现在成年人的时间大部分是在机关、单位度过的,很多老北京人也只是回到家里才说老北京话,久而久之,连这些人的老北京话也发生了变化,至少是在语汇的选择方面。我们在北京进行调查时发现不少老北京人不再使用老北京话的一些土话而改用普通话的语汇(如不再说"胰子",改说"肥皂");另外一些老北京人说,他们在家里说一些土话,一到机关、单位上班就改用普通话。由于大量的外地人的存在,北京人在很多场合不得不说"普通话",这就使北京话逐步向普通话靠拢。

3.1.2　第二个原因是年轻一代的北京人从小在托儿所、

小学、中学系统地学习普通话，学习书面语言，在社会上使用普通话，结果是，即使父母是地道的北京人，在家里说的是老北京话，很多比较“土”的话他们能懂，但是他们自己很少说，甚至从来不说，所以他们说的“老北京话”和他们父母的“老北京话”就有显著的差异。至于父母一方或双方都不是北京人的新北京人，特别是在机关大院里长大的新北京人，他们嘴里就很少土腔土话，有的还能听懂大部分老北京话的土话，不少人根本就听不懂。这些年轻的新北京人说的北京话，特别是在和外地成年人的交往过程中说的话基本上就是普通话。

3.2　北京话在向普通话靠拢的这些年来发生的巨大变化在语音和语汇两方面都很明显。语音方面的变化，因为基本上不影响北京话的语音系统，而主要涉及嗓音和韵律，又因为嗓音和韵律方面的变化研究得很不够而且还缺乏一套科学的分析和描写方法，所以尽管很多人早已感觉到，却很少有人谈到。①

3.2.1　20 世纪 30、40 年代的北京话和现在的北京话在语音方面的差异首先表现在嗓音的音色上。地道的老北京话基本上还是 30、40 年代的北京话，嗓音低浊，鼻音浓重，甚至有点“嘶哑”（当然这也许和现在说地道的老北京话的人多数

① 参阅徐世荣：《普通话语音和北京土音的界限》，《语言教学与研究》1979 年第 1 期，7—22 页。

已届高龄有关)。相对而言,现在的北京话嗓音高一些,清一些,不必要的伴随性质的鼻音少多了(新北京话没有伴随性质的鼻音)。在北京,只要听人说一句话,哪怕是很短的一句表示问候的话,如“您吃了?”,就可以基本不差地从嗓音、语调上分辨出这个人是老北京人、新北京人还是外地人。这里不牵涉语汇和语法问题,而纯粹是语音问题。遗憾的是现在对这种差异只能凭直感去辨别,还难以“言传”。

语音方面的变化还涉及节律、语调、轻重音和音节的清晰度等方面。过去的北京话舒缓,现在的北京话节奏加快了。过去的北京话的语调起伏变化比较复杂,现在的北京话的语调似乎简单一些。可是这个问题还没有人仔细研究过,这里说的都只是一种“感觉”,并不一定对。过去的北京话轻重音的对比比现在强,很多轻声音节很含糊,甚至不知道原来是什么面貌,因而找不到恰当的汉字来书写;相当多的轻声音节由于元音弱化或脱落,整个发生了质变,如“不知道”būr dào 中的“知”吞掉了,“早晨”成了 zǎo · xin,“新鲜”成了 xīn · xin。“他 · de 哪儿呢?”里面的 · de 究竟该写哪个汉字?可能是“在”,也可能不是。现在的北京话仍然有轻声音节,但是轻重对比不那么突出了。近三十年的新语汇没有发现再发生轻声音节弱化到无法辨认或脱落的现象。

过去的北京话在很多外地人听来是很含混的,有的音节几乎都“吞到肚子里去了”。这是因为当时的社交范围很窄,没有像现在这么多的集体生活，说话的对象大都是常年生活在一起的亲属以及过往很密切的亲朋好友，随便开口一说，别人都能懂，所以不需要每个音节都十分清晰。现在的交际对象不同了，范围扩大了，就必须咬字咬得更准，说得更清晰才能保证正常的交际，因此现在的北京话就比过去清晰得多。语音方面的这些变化都是很"实在"的，但是也的确很难说得很清楚。至于一些汉字的读音，如"论斤卖"的"论"过去多数北京人读 lìn，现在多数北京人改读 lùn，又如"一"、"七"、"八"的变调规则发生动摇的情况等等，这些都比较容易说得清楚。①

3.2.2 语汇方面的变化最为明显。从总的来看而不是从个别的北京人的话来看，比较"土"的北京话语汇正在迅速消失，而大量的普通话语汇正在北京话中逐步生根。如果说"消失"可能稍嫌笼统，具体的情况大致可以分为三类。一类是现在不论老北京人还是新北京人，不论是老年人还是年轻人都不说了，如"取灯儿(火柴)"、"老阳儿(太阳)"。一类是只有老年的老北京人才说，别人都已经不说，在北京已经很少听见，如"掌柜的(丈夫)"，"饽饽(馒头或其他面食)"。一类是只有少数北京人还说，多数人已经不说，如"不论(lìn)秧子(不顾一切)"，"毛窝(棉鞋)"，"晚末晌儿(晚上)"。

---

① 请参阅本书《北京话社会调查(1981)》。

北京话语汇的另一个变化是语汇成分中和普通话一致的成分的比重迅速增加。比重的增加一方面是由于土话成分的减少;另一方面,也是更重要的一个方面,是普通话的语汇大量渗入北京话。一般人把这部分新语汇统称为“新名词儿”(实际上并不限于名词)。“新名词儿”的增加使北京话语汇的总体面貌大为改观,更加接近普通话了。

3.3 北京话在发生变化,这是大家察觉到了的。但是普通话也在发生变化,尽管这种变化是不那么明显,这是很多人没有注意到的。普通话在不断地悄悄地向北京话靠拢。在20世纪50年代,主张不仅要“以北京语音为标准音”,而且要“以北京话为基础方言”的意见一冒头就被否定了。但是在推广普通话的实际过程中,首先是普通话审音委员会改动了部分汉字从“官话”到“国语”的传统读音,改从北京语音,这就迈出了向北京话靠拢的第一步。我们相信再次审音会有更多的汉字读音摆脱传统的影响而改从北京语音。其次,大批的北京人在全国各地担任播音员和普通话教员工作,把北京话的各种语音特色,包括语调、韵律和嗓音的特色,作为普通话的规范向全国推广。今天已经和解放初期的情况大不相同,北京话的特殊地位已经得到社会公认。由于在和外地人接触时北京人有意识地尽可能避免带土腔土话,在外地工作的北京人更是如此,外地人现在几乎认为北京话就是普通话,而且他们根本无法把北京话和普通话区分开来。最后,普通话的规范是逐步确立起来的，现在还有很多规范不明确的地方，而在这种场合，惟一可以参考或者临时作为依据的也只可能是北京话，而不可能是无法捉摸的泛泛的“北方话”。这不仅涉及语音方面，也涉及语汇方面。北京籍的播音员毫不犹豫地把北京音带到自己的广播语言中去，如“干劲”一般读成“干劲儿”，甚至把“北京电子管厂”读成“北京电子管儿厂”（北京电视台的播音员就是这样播的）。《骆驼祥子》是老舍的作品，是用方言写的，这可以不论，但是在其他的电影和电视剧中北京话的方言语汇的出现越来越频繁，如在《寻访画儿韩》中的“别价（不）”，“老爷（外公）”，一些儿童片中出现的“盖（好）!”等等。在电影、电视剧本中出现这些北京话语汇时，作者并不一定是有意要增加地方色彩，而往往是分不清什么是普通话，什么是北京话。不少的作者也认为北京话就是普通话。当然，很多人的这种认识是不全面的，也没有得到“官方承认”，但是这是一种巨大的社会力量，比官方文件的力量还要大，最终将影响普通话的发展趋向。普通话在日益向北京话靠拢，这也是一个无可辩驳的事实。

3.4 北京话的土腔土话正在逐步消失，北京话在迅速向普通话靠拢，普通话也在悄悄地逐步向北京话靠拢。但是普通话的传统包袱还是十分沉重的，而且语言的演变也总是非常缓慢的，因此在不太长的一个历史时期内还看不到普通话和北京话合一的前景。这样，在不远的将来，普通话也还不可能真正“以北京话为基础方言”。那么普通话究竟以何种方言为基础呢？事实上，普通话不同于“法国式”的规范的民族共同语，也就是以某一个地点方言为基础方言的民族共同语，而更接近“英国式”的，也就是不以任何一个地点方言为基础方言而以一种和全国各地方言(包括首都的方言)都不同，并且对立的社会方言为基础方言。标准英语从历史上来看是在南方话(南部方言)的基础上形成的，但是今天的“通行读音”(Received Pronunciation)却不是哪一个方言的读音(和伦敦的土话 Cockney 的读音迥然不同)而只是流行于全国受过正规教育的上层社会的一种社会方言的读音。普通话的情况和标准英语及“通行读音”的情况有很多相似之处。也许这样来理解普通话的基础方言和语音规范会更加切合实际一些，并且也可以从而摆脱很多不必要的纠葛。

北京话社会调查(1981)*

§0 说明

1981年,我们在北京就各种社会因素对北京话的某些语言现象的影响进行了两次调查。第一次调查是在4月进行的①,调查对象共100人,东城、西城、天桥、牛街、西郊中国人民大学校园内各20人。第二次调查是在9月到12月之间进行的②,调查对象共400人,分布在整个城区和中国人民大学周围的海淀区。

§1 调查目的

语言作为交流思想和感情的工具是一种社会现象。因

* 本文(不包括第二次调查的资料)曾在成都中国语言学会首届年会上宣读,后由《中国语言学报》编委会摘录其中部分资料改写为《关于北京话语音、词汇的五项调查》刊于该学报第一期。

① 参加第一次调查的除作者外还有中国人民大学语言学教研室教师梁式中、李大忠,语言学专业研究生何秋和、涂光禄、殷国光、石锋、钱学烈、刘丽川、廖荣蓉,语言文字专业研究生李申兆、张卫国、张书岩。

② 参加第二次调查的除作者外还有语言学专业研究生涂光禄、殷国光、石锋、钱学烈、刘丽川、廖荣蓉。

此,语言总是和社会以及组成社会的个人分不开的。各种社会因素对语言的存在形式,对语言的发展变化,对语言的运用都有深远的影响。

语言或方言是一种抽象的实体,实际存在的只是大致相同而又不完全相同的个人语言。即便是个人语言也还是一种抽象;在不同的时期,在不同的社会环境和不同的交际场合,个人语言也不是完全一致的。一个拥有几百万人口的大城市,使用的语言就其实际存在形式而言是千差万别,极其复杂的。传统的语言或方言调查对个别的个人语言进行系统的静态描写,这样的调查材料可以反映有关语言或方言在语言结构系统方面的一般特点,但是难以反映有关语言或方言的内部分歧和发展变化的过程。语言或方言的社会调查,相对而言是不太系统的,比较粗略的,但是却能比较全面地反映变化中的动态,可以在一定程度上反映某些社会因素和某些语言现象之间的关联程度,可以取得某些语言现象的分布数据和出现频率,而根据这些材料可以推论语言的发展和变化的趋势。

到目前为止,国内还没有人进行过这一类的语言或方言的社会调查,我们这两次调查就是为了探索在我国的具体条件下进行这一类社会调查的途径和方法。

§2　调查方法

我们这两次调查使用的方法是目前国外社会语言学调查

广泛使用的变通的随机抽样的调查方法。严格的随机抽样要求首先编制一份可能的调查对象的总名单。即使采用分组分段的随机抽样方法,在北京这样一个大城市中,每组的分段名单上也会有几十万人。要编制这样的名单,无论是在国内还是在国外,对于一个从事个人研究,人力物力极其有限的语言科学工作者来说,都是无法办到的。因此,语言学家不得不采用能保证一定程度随机性的变通方法。

我们的具体做法是先把北京城区按传统的划分法分成东、西、南、北等区,每区派出若干调查人员持学校介绍信到区人民政府请求协助,由区人民政府任意介绍到某几个街道办事处,然后再由街道办事处根据我们提出的要求,任意介绍到某家某户或某个单位去进行调查。调查对象的随机性是由区人民政府和街道办事处的任意介绍来保证的。我们提出的要求仅限于调查对象必须是北京人以及调查对象的数量,这些要求一般不会影响选择调查对象的随机性。

调查采用个别访问的方式,不采用开座谈会或集体调查的方式,以免调查对象之间的相互干扰。调查根据事先拟定的调查项目进行。每一个调查对象登记一份调查表格,填明调查对象的姓名、年龄、性别、民族、文化程度、职业、父母双方的籍贯、祖居地区等。每一个调查项目只要求调查对象回答"说"或"不说"(或"少说")这样简单而又明确的问题,调查人员不诱导,不反诘,尽可能避免在调查过程中可能产生的种种干扰因素。调查结果随时用"√"或"×"等记号在调查表格上记录下来,必要时才加注文字说明。在4月第一次调查时我们曾经向调查对象询问过一些有关北京话的一般性问题,在9月到12月第二次调查时没有这样做。

§3　调查对象

我们这两次调查的对象限于新老北京人。老北京人指的是父母双方都是北京人,本人在北京出生和长大的人。新北京人指的是父母双方或一方不是北京人,但本人在北京出生和长大的人。

这两次调查的调查对象的情况如下。

1981年4月第一次调查:

表一　分区的新老北京人调查对象

分　区	老北京人	新北京人
东　城	10人	10人
西　城	14	6
天　桥	11	9
牛　街	18	2
人　大	11	9
合　计	64	36

表二 分年龄段的男女调查对象

年龄段	男	女
61岁以上	13人	8人
51—60岁	7	12
31—50岁	15	14
30岁以下	16	15
合计	51	49

表三 分文化程度的调查对象

文化程度	人数
大学	11人
中学	54
小学(私塾)	22
文盲	13
合计	100

表四 分职业的调查对象

职业	人数	
工人(营业员)	36人	
干部	14	知识分子54人
科教(文艺)人员	25	
学生	15	
家庭妇女(其他)	10	
合计	100	

表五　分民族的调查对象

民族	人数
汉	59人
满	17
回	21
蒙	2
白	1
合计	100

1981年9月到12月第二次调查：

表六　分区的新老北京人调查对象

分区	老北京人	新北京人
东城	15人	34人
西城	55	106
北城	41	26
崇文	14	5
宣武	12	29
牛街	41	0
海淀	11	11
合计	189	211

表七　分年龄段的男女调查对象

年龄段	男	女
61岁以上	27人	22人
51—60岁	9	17
31—50岁	49	42
30岁以下	105	129
合计	190	210

表八 分职业的调查对象

职　　业	人　数	
工人(营业员)	165人	
干　　部	52	知识分子215人
科教(文艺)人员	42	
学　　生	121	
家庭妇女(其他)	20	
合　　计	400	

表九 分民族的调查对象

民　族	人　数
汉	329人
满	25
回	46
合　计	400

(第二次调查文化程度一项材料不全,因而没有统计。)

我们这两次调查都是多项目调查,最初曾经对年龄、性别、文化程度、职业等项的调查对象规定一定比例。但是,项目太多,在实际调查过程中难以一一按比例办到,结果某些项目的某一类调查对象人数少于一般社会调查所允许的抽样误差的百分比(5%)。这样的调查数据不足为凭,在下文的统计表中这一类的统计数字都放在括弧内并且不计算百分比。

§4　调查结果

4.1　各种社会因素对北京话的影响

4.1.1　家庭语言环境对使用北京话的某些语音和语汇形式的影响

新老北京人的北京话之间的差别主要反映了家庭语言环境的差别。一般说来，老北京人说的北京话“北京味儿”浓一些，保留的土话土音比新北京人的北京话多一些。我们的调查数据证实了这一点。

表十　新老北京人说“姆末(我们)”、“胰子(肥皂)”、“且(从)”、“伍的(什么的)”的统计

	“姆末”	“胰子”	“且”	“伍的”
	(第一次调查)			
老	44/64 68.7%	42/64 65.6%	42/64 65.6%	38/64 59.3%
新	11/36 30.5	19/36 52.7	12/36 33.3	12/36 33.3
	(第二次调查)			
老	121/189 64.0	110/189 58.2	95/189 50.2	110/189 58.2
新	56/211 26.5	55/211 26.0	28/211 13.2	61/211 28.9

说明：(1)“老”、“新”是“老北京人”和“新北京人”的略语。

(2)“X/Y”中X表示在调查过程中记录下来的实际人数，Y是这一类调查对象的总数，如第一次调查的老北京人总数为64人，调查到说“姆末”的有44人：44/64。

(3)分数后面列出百分比，百分比算到小数点以后一位，再以下的不计。

表十一 新老北京人"论"读lìn，"把"读bǎi，"比"读pǐ的统计

	"论(斤卖)"lìn	"(怎么)论"lìn	"把"bǎi	"比"pǐ
	(第一次调查)			
老	31/64 48.4%	38/64 59.3%	31/64 48.4%	23/64 35.9%
新	14/36 38.8	15/36 41.6	11/36 30.5	3/36 8.3
	(第二次调查)			
老	135/189 71.4	133/189 70.3	93/189 49.2	78/189 41.2
新	66/211 31.2	90/211 42.6	31/211 14.6	32/211 15.1

表十二 新老北京人说"今儿"、"今儿个"、"今天"的统计

	"今儿"	"今儿个"	"今天"
	(第一次调查)		
老	9/64 14.0%	44/64 68.7%	24/64 37.5%
新	4/36 11.1	22/36 61.1	19/36 52.7
	(第二次调查)		
老	77/189 40.7	100/189 52.9	75/189 39.6
新	66/211 31.3	48/211 22.7	147/211 69.6

表十三 新老北京人说"哪儿"、"哪喝儿"的统计

	"哪儿"		"哪喝儿"	
老	35/64	54.6%	29/64	45.3%
新	27/36	75.0	9/36	25.0

从表十、表十一、表十二、表十三看来，老北京人的土话土

音无例外地比新北京人多,百分比的差距有不少是相当大的。两次调查的数据不完全一样,这是因为调查对象的人数还是嫌少。一般说来,调查对象人数越多,越精确。但是这两次调查老北京人的土话土音的百分比都比新北京人高,说明调查数据还是有一定代表性的,不完全是偶然的。任何一种社会调查都只能反映一种概率,一种倾向,是无法和自然科学的实验相比的。各种社会因素是同时存在又互相影响的,实际上无法把其中一种因素孤立出来,也无法排除其他各种干扰因素。例如家庭语言环境是一项重要的社会因素,但是实际上是和邻里语言环境,地区语言环境,学校语言环境,乃至文化程度、年龄、职业等等都是分不开的。因此,孤立地仅就家庭语言环境这一社会因素来进行调查统计,统计数字本身就不可能像自然科学的实验数据那么精确,可靠。不过这些缺陷主要是由社会现象本身的复杂性决定的,只要我们不把这些数据绝对化,那么仍然可以利用这些数据作出合理的推论。至少,调查所得的数据会比单纯的"印象"和"直感"可靠一些,也会有更大的说服力。我们认为,对于社会调查的数据和结论都应该这样看待,既不要绝对化,也应该承认有一定的参考价值。

以前我们也已经注意到有的北京人,特别是老年人(赵元任的印象是妇女),不说"我们"而说"姆末",但是认为这只是少数人的习惯,因为我们接触的大多数北京人似乎都说"我们”，在机关学校以及在一般交际场合很少听到北京人说“姆末”。调查结果有点出乎我们的意料，新老北京人合在一起在平时说“姆末”的第一次调查占55%，第二次调查占44.2%，而老北京人平时说“姆末”的第一次调查占68.7%，第二次调查占64.0%。这就是说地道的北京人平时说“姆末”的是多数。不过北京人在和外地人交际时一般都改说“我们”，而恰恰是老年人和妇女在公共交际场合出现的机会最少，因此使我们产生了错觉。这说明调查比“印象”可靠一些。在调查中我们还发现“姆末”有时候可以简缩为一个音节“姆”，如老师说“姆班学生挺用功”，有时候也读成“我姆”wǒm。

这两次调查表明，家庭语言环境是影响一个人的语言特点的最主要的社会因素，这在以下的各类统计表中还可以得到反映。

新北京人的家庭语言环境就不完全是北京话的环境，父母双方或一方说的不是北京话，这对子女的语言习惯的形成肯定有影响。有的新北京人说的是一口老北京话，平时“听”不出和老北京人说的话有什么不同，可是仔细一调查就会发现有明显的不同，特别是在平时很少人注意的语音细节和虚词的用法上和老北京人不同。一般新北京人的用法比较“乱”，一追问就会说这也可以那也可以，而老北京人就比较“纯”，往往会比较肯定地答复你，“这我们说”，“这我们不说”。分析研究新北京人的语言特点和不同地区人的方言对他们子女的北京话的影响是很有意义的，不过也是比较困难的。在第二次调查时我们记录了新北京人父母双方的籍贯，以下是部分统计资料。

表十四　说“且”(从)的新北京人父母籍贯的统计

父母一方是北京人	京郊	河北	山东	东北	其他
6/40	12/20	5/80	0/11	0/16	3/44
15.0%	60.0%	6.2%	0	0	6.8%

4.1.2　居住地区的语言环境对使用北京话的某些语音和语汇形式的影响

长期以来有人说北京话有明显的内部差异，特别是东城和西城的北京话不一样，经常举的例子是明人沈榜《宛署杂记》中提出来的东城说“水桶”，西城说“水筲”。在过去，东西城分属大兴和宛平两县，市内交通十分不便，一般人很少出门，东西城居民之间日常交往不频繁，因此产生某些明显的语言上的差别是在情理之中的。现在的情况和过去已经大不相同，市区交通四通八达十分方便，东西城早已不是相对隔绝的两个地区，多数人有工作，天天出门，而且家家用上了自来水，“水桶”也好，“水筲”也好，都不大用了，这一类差别已经消失。特别是近三十年来，更改居住地区是常事，祖祖辈辈住在一个胡同里不挪窝的反而越来越少，因此“明显的”语言上的差别已不复存在；当然，这并不排除有“细微的”差别。以下是分区的统计资料。

表十五 不同城区的北京人说“姆末(我们)”、“胰子(肥皂)”、“且(从)”、“伍的(什么的)”的统计

	“姆末”		“胰子”		“且”		“伍的”	
(第一次调查)								
东城	7/20	35.0%	12/20	60.0%	11/20	55.0%	8/20	40.0%
西城	15/20	75.0	14/20	70.0	10/20	50.0	11/20	55.0
南城	28/40	70.0	27/40	67.5	23/40	57.5	22/40	55.0
(第二次调查)								
东城	10/49	20.4%	16/49	32.6%	13/49	26.5%	23/49	46.9%
西城	68/161	42.2	51/161	31.6	37/161	22.9	57/161	35.4
南城	74/101	73.2	71/101	70.2	48/101	47.5	63/101	62.3
北城	19/67	28.3	17/67	25.3	18/67	26.8	22/67	32.8

从第一次调查的数据来看，各城区之间的差别不大，南城有两项百分比略高，但不突出。从第二次调查的数据来看，南城的数据显著地高于其他城区，而东、西、北三个城区的数据大致差不多。在这两次调查中，我们把南城又分为几个小区。第一次调查把南城分为天桥和牛街两个小区，第二次调查把南城分为崇文、宣武两区，又把牛街单独列为一个小区。如果列出小区的数据，情况就会明朗一些。

表十六　南城各区的北京人说“姆末(我们)”、“胰子(肥皂)”、“且(从)”、“伍的(什么的)”的统计

	“姆末”		“胰子”		“且”		“伍的”	
(第一次调查)								
天桥	14/20	70.0%	15/20	75.0%	10/20	50.0%	7/20	35.0%
牛街	15/20	75.0	12/20	60.0	13/20	65.0	15/20	75.0
(第二次调查)								
崇文	14/19	73.6%	16/19	84.1%	10/19	52.6%	15/19	78.9%
宣武	24/41	58.5	24/41	58.5	9/41	21.9	12/41	29.2
牛街	36/41	87.8	31/41	75.6	29/41	70.7	36/41	87.8

从表十六来看，牛街相当突出。牛街是回族聚居区，住家很少流动，保留北京话的土话土音较多是自然的。

表十七　不同城区的北京人“论”读lìn，“把”读bǎi，“比”读pǐ的统计

	“论(斤卖)”lìn		“(怎么)论”lìn		“把”bǎi		“比”pǐ	
(第一次调查)								
东城	10/20	50.0%	6/20	30.0%	6/20	30.0%	7/20	35.0%
西城	6/20	30.0	12/20	60.0	8/20	40.0	3/20	15.0
南城	23/40	57.5	27/40	67.5	20/40	50.0	12/40	30.0
(第二次调查)								
东城	22/49	44.8%	23/49	46.9%	13/49	26.5%	10/49	20.4%
西城	77/161	47.8	77/161	47.8	51/161	31.6	34/161	21.1
南城	57/101	56.4	58/101	57.4	46/101	45.5	44/101	43.5
北城	34/67	50.7	34/67	50.7	12/67	17.9	13/67	19.4

表十八 南城各区的北京人"论"读lìn，"把"读bǎi，"比"读pǐ的统计

	"论(斤卖)"lìn		"(怎么)论"lìn		"把"bǎi		"比"pǐ	
(第一次调查)								
天桥	13/20	65.0%	17/20	85.0%	12/20	60.0%	3/20	15.0%
牛街	10/20	50.0	10/20	50.0	8/20	40.0	9/20	45.0
(第二次调查)								
崇文	16/19	84.2%	15/19	78.9%	8/19	42.1%	5/19	26.3%
宣武	14/41	34.1	16/41	39.0	12/41	29.2	9/41	21.9
牛街	26/41	63.4	27/41	65.8	26/41	63.4	30/41	73.1

从表十七、表十八来看，在语音形式的选择方面，天桥和崇文区的百分比比较高。

综合表十五、表十六、表十七、表十八来看，东城、西城、北城的数据比较接近，也就是这几个地区之间差别不太大，而这些地区和南城之间，特别是和牛街、天桥、崇文区之间的差别比较大。

在北京不少人认为要听真正的老北京话得上天桥一带去。我们在第一次调查时专门调查了天桥地区就是根据这种意见决定的。但是在调查过程中，很多天桥住户主动反映天桥是所谓"五方杂地"，很少是地道的北京人，多数是外地来的手艺人和所谓闯江湖的人，老住户很少，流动性很大；相反，东西城的住户很多是祖祖辈辈住在北京的，那儿的北京话比较地道。从调查结果来看，天桥一带的北京话土话土音还是比较多的，因此一般人的直感并不完全错误。原因何在呢？也许这和文化程度、职业有关。但是究竟是怎么一回事，还尚待进一步调查研究来说明。

4.1.3　年龄对使用北京话的某些语音和语汇形式的影响

平时我们也都注意到有些话只有老年人才说，年轻人不说，另有一些话只有年轻人才说，老年人不说。这说明了年龄对语言的影响(实际上反映了不同时代的语言特色)。以下是分年龄段关于使用“棒”和“盖”的统计。

表十九　不同年龄的北京人说“棒”和“盖”的统计

	“棒”		“盖”	
(第一次调查)				
61 岁以上	7/21	33.3%	0/21	0
51—60 岁	12/19	63.1	1/19	5.2
31—50 岁	22/29	75.8	4/29	13.7
30 岁以下	21/31	67.7	17/31	54.8
(第二次调查)				
61 岁以上	14/49	28.5%	2/49	4.0%
51—60 岁	7/26	26.9	0/26	0
31—50 岁	51/91	56.0	7/91	7.6
30 岁以下	123/234	52.5	86/234	36.7

表十九的数据是非常有意思的。在两次调查中，说“棒”的高峰都在 31—50 岁的人，并且 30 岁以下的人都开始说得

比较少了;说"盖"的老年人很少,而30岁以下的人突然说得多起来了。这些数据和实际情况若合符契。"棒"大致是五四以后兴起的,盛行于40年代和50年代,所以今天是31—50岁的人说得最多。"盖"是十多年前才开始流行的,所以31岁以上的人很少说,青少年说得多。至于在第二次调查中61岁以上的老年人也有4.0%的人说"盖",这一点也不难解释,因为老年人在家的多,和孩子接触较多,受孩子的影响较大。

表十九的数据表现出明显的规律性,因此可以说,年龄是影响"棒"和"盖"这样一些流行语的使用的主要的社会因素。

近年来北京话"儿化"似乎有减少的趋势,年轻人似乎"儿化"少了,实际情况究竟怎样呢?

表二十　不同年龄的北京人的"儿化"统计

(第二次调查)

	书架儿		自行车儿		金鱼儿	
61岁以上	37/49	75.5%	44/49	89.7%	27/49	55.1%
51—60岁	22/26	84.6	22/26	84.6	10/26	38.4
31—50岁	72/91	79.1	86/91	94.5	40/91	43.9
30岁以下	130/234	55.5	192/234	82.0	64/234	27.3

	唱歌儿		有事儿	
61岁以上	49/49	100%	49/49	100%
51—60岁	24/26	92.3	25/26	96.1
31—50岁	90/91	98.9	88/91	96.7
30岁以下	219/234	93.5	210/234	89.7

从表二十来看,北京话的“儿化”程度仍然是相当高的,30岁以下的人“儿化”有减少的趋势,但是还不十分突出;31岁以上的北京人中间,“儿化”程度的高低和年龄不完全成正比。这就说明“儿化”程度的高低不完全是由年龄决定的,可能还有其他因素。以下加入家庭语言环境这一因素来比较一下。

表二十一 不同年龄的新老北京人的“儿化”统计

(第二次调查)

	书架儿				自行车儿			
	老		新		老		新	
61岁以上	33/45	73.3%	(4/4)	—	40/45	88.8%	(4/4)	—
51—60岁	18/22	81.8	(4/4)	—	18/22	81.8	(4/4)	—
31—50岁	38/44	86.3	34/47	72.3	43/44	97.7	43/47	91.4
30岁以下	29/78	37.1	101/156	64.7	70/78	89.7	122/156	78.2

	金鱼儿				唱歌儿			
	老		新		老		新	
61岁以上	24/45	53.3%	(3/4)	—	45/45	100%	(4/4)	—
51—60岁	9/22	40.9	(1/4)	—	20/22	90.9	(4/4)	—
31—50岁	23/44	52.2	17/47	36.1	44/44	100	46/47	97.8
30岁以下	29/78	37.1	35/156	22.4	74/78	94.8	145/156	92.9

	有事儿			
	老		新	
61岁以上	45/45	100%	(4/4)	—
51—60岁	21/22	95.4	(4/4)	—
31—50岁	42/44	95.4	46/47	97.8
30岁以下	76/78	97.4	134/156	85.5

从表二十一中10组可资比较的新老北京人的“儿化”数据来看(另10组由于新北京人人数太少,统计百分比不可靠,因而难以比较),8组老北京人的百分比高于新北京人,但是有两组相反(“有事儿”31—50岁,“书架儿”30岁以下)。因此,家庭语言环境也不能说是影响“儿化”的最主要的因素。事实上影响语言的社会因素是多种多样的,并且往往是交叉重叠的,有时候难分主次,硬要找出一个最主要的因素来反而是不科学的。

表二十二 不同年龄的北京人说“姆末(我们)”、“胰子(肥皂)”、“且(从)”、“伍的(什么的)”的统计

(第一次调查)

	“姆末”		“胰子”	
61岁以上	16/21	76.1%	17/21	80.9%
51—60岁	12/19	63.1	15/19	78.9
31—50岁	16/29	55.1	14/29	48.2
30岁以下	11/31	35.4	15/31	48.3
	“且”		“伍的”	
61岁以上	18/21	85.7%	17/21	80.9%
51—60岁	9/19	47.3	8/19	42.1
31—50岁	21/29	72.4	16/29	55.1
30岁以下	6/31	19.3	8/31	25.8

(第二次调查)

	“姆末”		“胰子”	
61岁以上	35/49	71.4%	34/49	69.3%

51—60岁	17/26	65.3	16/26	61.5
31—50岁	39/91	42.8	44/91	48.3
30岁以下	86/234	36.7	70/234	29.9
	“且”		“伍的”	
61岁以上	34/49	69.3%	34/49	69.3%
51—60岁	13/26	50.0	19/26	73.0
31—50岁	43/91	47.2	52/91	57.1
30岁以下	33/234	14.1	66/234	28.2

表二十三　不同年龄的北京人“论”读lìn，“把”读bǎi，“比”读pǐ的统计

	“论(斤读)”lìn		“(怎么)论”lìn	
	(第一次调查)			
61岁以上	14/21	66.6%	16/21	76.1%
51—60岁	9/19	47.3	10/19	52.6
31—50岁	9/29	31.0	17/29	58.6
30岁以下	5/31	16.1	10/31	32.2
	“把”bǎi		“比”pǐ	
61岁以上	11/21	52.3%	6/21	28.5%
51—60岁	11/19	57.8	6/19	31.5
31—50岁	10/29	34.4	10/29	34.4
30岁以下	10/31	32.2	4/31	12.9
	(第二次调查)			
	“论(斤卖)”lìn		“(怎么)论”lìn	
61岁以上	40/49	81.6%	37/49	75.5%
51—60岁	21/26	80.7	20/26	76.9
31—50岁	66/91	72.5	69/91	75.8
30岁以下	74/234	31.6	77/234	32.9

	“把”bǎi		“比”pǐ	
61岁以上	25/49	51.0%	21/49	42.8%
51—60岁	14/26	53.8	10/26	38.4
31—50岁	42/91	46.1	27/91	29.6
30岁以下	52/234	22.2	42/234	17.9

从表二十二、表二十三来看，同时参考表十九、表二十、表二十一，我们可以看到尽管年龄差异和使用某些语汇形式，特别是和使用某些语音形式的关系并不是严格对应的，但是在30岁上下有一条比较明显的界线，百分比有比较明显的变化。在30岁以上的各个年龄段之间虽然没有明显的递降比例，但也存在着某种递降的趋势。这些情况综合起来也可以表明，年龄因素还是一个相当重要的因素。

4.1.4　文化程度对使用北京话某些语音和语汇形式的影响

人们一般认为一个人的文化程度会在相当程度上影响他的语言习惯，特别是在推行语言规范化的社会中，这种影响就会更加明显。北京的具体情况如何也需要看看调查数据。

表二十四　不同文化程度的北京人说“姆末(我们)”、“胰子(肥皂)”、“且(从)”、“伍的(什么的)”的统计

	“姆末”		“胰子”		“且”		“伍的”	
（第一次调查）								
大学	3/11	27.2%	6/11	54.5%	4/11	36.3%	4/11	36.3%

中学	26/54 48.1	31/54 57.4	26/54 48.1	23/54 42.5
小学	15/22 68.1	15/22 68.1	13/22 59.0	15/22 68.1
文盲	11/13 84.6	9/13 69.2	11/13 84.6	8/13 61.5

表二十五　不同文化程度的北京人"论"读lìn，"把"读bǎi，"比"读pǐ 的统计

	"论(斤卖)"lìn	"(怎么)论"lìn	"把"bǎi	"比"pǐ
	(第一次调查)			
大学	5/11 45.4%	4/11 36.3%	4/11 36.3%	3/11 27.2%
中学	20/54 37.0	27/54 50.0	22/54 40.7	14/54 25.9
小学	9/22 40.9	9/22 40.9	7/22 31.8	6/22 27.2
文盲	11/13 84.6	12/13 92.3	9/13 69.2	3/13 23.0

从表二十四来看，除了一项数据，即文盲使用"伍的"的数据外，全部数据呈现出一种明显的规律性：文化程度越低，使用土话的百分比越高。但是表二十五却不反映这样的规律性，或者说规律性不明显，仅仅文盲的百分比大多比有文化的人显然要高，不过也有例外情况。这种现象也许可以这样解释：一般人对语汇形式比较自觉，敏感，有文化的人有意识地避免用土话；但是对语音形式就不那么自觉，敏感，因而没有有意识地去避免，或者较难避免。这也就是说，对选择语音形式而言，文化程度可能不是一个主要因素。以下加进家庭语言环境这一因素来比较一下。

表二十六 不同文化程度的新老北京人说"姆末(我们)"、"胰子(肥皂)"、"且(从)"、"伍的(什么的)"的统计

（第一次调查）

	"姆末"				"胰子"			
	老		新		老		新	
大学	1/6	16.6%	(2/5)	—	3/6	50.0%	(3/5)	—
中学	23/31	74.1	3/23	13.0	21/31	67.7	10/23	43.4
小学	12/15	80.0	3/7	42.8	11/15	73.3	4/7	57.1
文盲	8/10	80.0	(3/3)	—	7/10	70.0	(2/3)	—

	"且"				"伍的"			
	老		新		老		新	
大学	3/6	50.0%	(1/5)	—	2/6	33.3%	(2/5)	—
中学	19/31	61.2	7/23	30.4	16/31	51.6	7/23	30.4
小学	11/15	73.3	2/7	28.5	13/15	86.6	2/7	28.5
文盲	9/10	90.0	(2/3)	—	7/10	70.0	(1/3)	—

表二十七 不同文化程度的新老北京人"论"读lìn，"把"读bǎi，"比"读pǐ的统计

（第一次调查）

	"论(斤卖)"lìn				"(怎么)论"lìn			
	老		新		老		新	
大学	2/6	33.3%	(3/5)	—	2/6	33.3%	(2/5)	—
中学	13/31	41.9	7/23	30.4	19/31	61.2	8/23	34.7

小学	8/15	53.3	1/7	14.2	8/15	53.3	1/7	14.2
文盲	8/10	80.0	(3/3)	—	9/10	90.0	(3/3)	—

	“把”bǎi				“比”pǐ			
	老		新		老		新	
大学	3/6	50.0%	(1/5)	—	3/6	50.0%	(0/5)	—
中学	14/31	45.1	8/23	34.7	12/31	38.7	2/23	8.6
小学	6/15	40.0	1/7	14.2	5/15	33.3	1/7	14.2
文盲	8/10	80.0	(1/3)	—	3/10	30.0	(0/3)	—

从表二十六、表二十七中各组可资比较的新老北京人的数据来看,老北京人的百分比无例外地都高于新北京人。这说明尽管文化程度是一种影响使用某些语音和语汇形式的因素,家庭语言环境是一种更重要更普遍的因素。

4.1.5　职业对使用北京话的某些语音和语汇形式的影响

在国外,社会语言学家最重视的是和职业有密切联系的个人所属的社会阶级或阶层对语言或对某些语言形式选择的影响。在资本主义国家中,一方面是资本家和高薪阶层(所谓“中产阶级”),另一方面是广大的工人阶级,形成两个相对隔绝的社会集团,从而产生了两种明显不同的社会方言。在国外按阶级或阶层的统计材料中,在下层中产阶级和上层工人阶级之间百分比往往出现跳跃性的差距,这充分说明最大的差距出现在两个不同的阶级之间。我们目前的情况如何呢?

表二十八 不同职业的北京人说"姆末(我们)"、"胰子(肥皂)"、"且(从)"、"伍的(什么的)"的统计

	"姆末"		"胰子"		"且"		"伍的"	
(第一次调查)								
干部	27/54	50.0%	26/54	48.1%	28/54	51.8%	23/54	42.5%
工人	20/36	55.5	27/36	75.0	16/36	44.4	18/36	50.0
家庭妇女	8/10	80.0	8/10	80.0	5/10	50.0	9/10	90.0
(第二次调查)								
干部	68/215	31.6%	66/215	30.6%	48/215	22.3%	84/215	39.0%
工人	90/165	54.5	84/165	50.9	58/165	35.1	76/165	46.0
家庭妇女	18/20	90.0	15/20	75.0	16/20	80.0	11/20	55.0

说明："干部"包括从事脑力劳动的各类国家干部和学生。

表二十九 不同职业的北京人"论"读lìn，"把"读bǎi，"比"读pǐ的统计

	"论(斤卖)"lìn		"(怎么)论"lìn		"把"bǎi		"比"pǐ	
(第一次调查)								
干部	12/54	22.2%	17/54	31.4%	28/54	51.8%	17/54	31.4%
工人	15/36	41.6	15/36	41.6	8/36	22.2	8/36	22.2
家庭妇女	4/10	40.0	5/10	50.0	6/10	60.0	1/10	10.0
(第二次调查)								
干部	85/215	39.5%	86/215	40.0%	47/215	21.8%	41/215	19.0%

工人	95/165	57.5	101/165	61.2	76/165	46.0	58/165	35.1
家庭妇女	15/20	75.0	14/20	70.0	11/20	55.0	11/20	55.0

表二十八、表二十九的情况和表二十四、表二十五的情况相似，就对语汇形式的选择而言，呈现出明显的规律性，就对语音形式的选择而言，规律性就不那么明显，就有例外。这种情况说明我国目前的职业一般是和文化程度紧密地联系在一起的，干部多数是大学、中学文化程度，工人多数是中学、小学文化程度，家庭妇女绝大多数是文盲。

为了进一步分析目前北京是否存在反映不同社会集团的语言特点的社会方言，我们把“干部”再细分为科数(文艺)人员、行政干部和职员三类，把学生排除出去，也不考虑无职业的家庭妇女，再看看有关的统计数字。

表三十　不同职业的北京人说“姆末(我们)”、“胰子(肥皂)”、“且(从)”、“伍的(什么的)”的统计

	“姆末”		“胰子”		“且”		“伍的”	
(第一次调查)								
科教人员	13/25	52.0%	9/25	36.0%	14/25	56.0%	10/25	40.0%
行政干部	4/8	50.0	1/8	12.5	5/8	62.5	4/8	50.0
职员	4/6	66.6	3/6	50.0	4/6	66.6	2/6	33.3
工人	20/36	55.5	27/36	75.0	16/36	44.4	18/36	50.0

（第二次调查）

科教人员	16/42	38.0%	17/42	40.4%	24/42	57.1%	18/42	42.8%
行政干部	10/40	25.0	18/40	45.0	17/40	42.5	24/40	60.0
职员	8/12	66.6	7/12	58.3	3/12	25.0	11/12	91.6
工人	90/165	54.5	84/165	50.9	58/165	35.1	76/165	46.0

表三十一　不同职业的北京人“论”读lìn，“把”读bǎi，“比”读pǐ的统计

	“论（斤卖）”lìn		“（怎么）论”lìn		“把”bǎi		“比”pǐ	
（第一次调查）								
科教人员	7/25	28.0%	10/25	40.0%	12/25	48.0%	7/25	28.0%
行政干部	2/8	25.0	3/8	37.5	6/8	75.0	4/8	50.0
职员	3/6	50.0	4/6	66.6	2/6	33.3	2/6	33.3
工人	15/36	41.6	15/36	41.6	8/36	22.2	8/36	22.2

表三十、表三十一的数据显得更缺乏规律性，这说明保留土话土音的多少不完全和职业有关，同时也在一定程度上说明，至少在目前，在北京还没有形成依职业区分的社会集团和与此相适应的社会方言。从实际情况来看，父母是干部，子女也是干部，或者父母是工人，子女也是工人的家庭虽然在北京是有的，但是还不能说是全都这样或多数是这样。目前是一个变化较大的时期，在一个家庭中往往从事各种职业的人都

有。往往父母是行政干部,子女中有的是科教人员,有的是工人,有的是职员;父母是工人,子女中有的是工人,有的是行政干部,有的是科教人员。在这种情况下,很难形成按不同职业区分的相对隔绝的社会集团,也就不容易产生相应的不同的社会方言。不过别的城市的情况以及将来的情况怎么样,就难以预言了,并且也不能用我们在北京一时一地的调查结果去以偏概全。

4.1.6　民族因素对使用北京话的某些语音和语汇形式的影响

在美国,黑人英语和白人英语有相当大的差别,不少人认为这是和民族因素的影响有关的。其他民族的美国人,如波多黎各后裔的美国人,墨西哥后裔的美国人等等的英语也都显示出一定的民族因素的影响。在美国,由于长期以来的民族歧视政策的影响,特别是黑人,几乎被迫生活在一个和白人隔绝的环境中,形成一个独特的社会民族集团,这是形成独特的黑人英语的主要社会条件。黑人英语是一种特殊的社会方言,但是和所有其他的社会方言一样,如果没有形成一个和外界相对隔绝的社会集团也就不可能形成这样的社会方言,并且一旦这种相对隔绝的状态消失,在这种条件下形成的社会方言也同样会开始消失。

北京的情况怎么样呢?就目前的情况而言,凭直感,单靠听一个北京人说话,很难分辨出他是汉族、满族、回族还是其他民族。这似乎说明就一般语音和语汇特点来说不反映民族特色，即使有一定特色也至少是不明显的。另一方面，满族家庭在亲属称谓方面还保留一些特色（如“母亲”叫“厄娘”或“奶奶”，“祖母”叫“太太”等），回族有不少阿拉伯语借词，但是这些都只涉及个别语汇问题，似乎还不足以使这些民族使用的北京话明显地不同于汉族使用的北京话。

以下是我们的一些调查统计材料。

表三十二　不同民族的北京人说“姆末（我们）”、“胰子（肥皂）”、“且（从）”、“伍的（什么的）”的统计

	“姆末”		“胰子”		“且”		“伍的”	
（第一次调查）								
汉	30/59	50.8%	28/59	47.4%	25/59	42.3%	25/59	42.3%
满	9/17	52.9	13/17	76.4	10/17	58.8	9/17	52.9
回	16/21	76.1	11/21	52.3	15/21	71.4	16/21	76.1
（第二次调查）								
汉	133/329	40.4%	123/329	37.3%	81/329	24.6%	118/329	35.8%
满	15/25	60.0	11/25	44.0	14/25	56.0	15/25	60.0
回	34/46	73.9	31/46	67.3	28/46	60.8	38/46	82.6

表三十三　不同民族的北京人“论”读lìn，“把”读bǎi，“比”读pǐ的统计

	“论（斤卖）”lìn		“（怎么）论”lìn		“把”bǎi		“比”pǐ	
（第一次调查）								
汉	25/59	42.3%	27/59	45.7%	25/59	42.3%	11/59	18.6%

满	8/17	47.0	14/17	82.3	8/17	47.0	5/17	29.4
回	12/21	57.1	12/21	57.1	9/21	42.8	10/21	47.6
			（第二次调查）					
汉	153/329	46.5%	154/329	46.8%	83/329	25.2%	67/329	20.3%
满	21/25	84.0	20/25	80.0	13/25	52.0	11/25	44.0
回	26/46	56.5	28/46	60.8	28/46	60.8	32/46	69.5

从表三十二和表三十三来看，各民族的北京话没有显著的特点。回族的百分比高一些，这是和回族多数是祖祖辈辈住在北京的老北京人有关的，不一定是民族因素决定的。

牛街的回族居民把“您”说成 né，以下是有关的统计数字。

表三十四　不同年龄的牛街回族居民“您”说 né 的统计

	“您”né	
	（第一次调查）	
61 岁以上	7/7	100%
51—60 岁	(2/2)	—
31—50 岁	(3/5)	—
30 岁以下	1/6	16.6

由于调查的人数不多，数据不十分可靠，但是也可以看出一种倾向，老年人说的多，年轻人说的越来越少了。在对外交际时，牛街的回族居民改说“您”nín。牛街是一个历史悠久的回族聚居区，牛街的北京话有自己的一定特色，这个问题很值得进一步调查研究。

满族的北京人过去把“去”读成 kè，还有特殊的应诺叹词“嗻”zhè（读 zhā 是夸张）。今天在城区范围内已经听不到这种说法了。在城区内我们还没有发现满族的聚居区。满族居民和其他民族的居民杂居在一起，社会政治地位一律平等，语言上的特色也就逐渐消失了。

我们在第一次调查时曾向满族调查对象征询了 kè（“去”）这种读音的消失年代的意见。部分满族调查对象的意见如下：

姓　名	年龄	地区	意　见	推测年代
金雅文	64	东城	父辈就不说了	80 年前
白淑珍	59	东城	不知道	
张显增	76	西城	小时候听人说过	70 年前
关秀凤	39	西城	爷爷辈说	70—80 年前
金　镛	62	西城	十几岁开始不说	50 年前
关芝兰	74	西城	本人不说	74 年前
张世英	74	西城	上一辈说	70—80 年前
舒慧贞	60	天桥	本人不说	60 年前

任何一种语言现象的消失，就不同的家庭和个人而言，都不可能是同时发生的，总有一个过程。根据以上多数人的意见，kè 这种读音大致是在 70—80 年前开始消失的，到 40—50 年前这种读音在北京城区内就听不到了。这样的推测大致是正确的。可以设想，在清王朝统治时期，kè 这样的读音显然是一种受社会尊敬的读音，使用 kè 这种读音可以在群众中一

下子就显示了自己的旗人身份,而当时这正是受尊敬的统治阶级一分子的身份。辛亥革命以后,情况变了,kè 这种读音就开始消失。辛亥革命距今恰好 70 年。

4.1.7 性别对使用北京话的某些语音和语汇形式的影响

性别对于某些语汇形式的选择,特别是对一些骂人的话的选择事实上是有影响的。"国骂"大多是男人使用的,女子极少使用"国骂",当然不是绝对不用。在其他方面似乎性别的影响并不十分明显。有不少人认为意义相同的两个叹词"吓"hē 和"霍"huō,女子使用"吓"的多,男人使用"霍"的多。是不是这样呢?以下是我们的统计材料。

表三十五　不同性别的北京人说"吓"和"霍"的统计

	"吓"		"霍"	
(第一次调查)				
男	32/51	62.7%	14/51	27.4%
女	34/49	69.3	9/49	18.3
(第二次调查)				
男	81/190	42.6	36/190	18.9
女	64/210	30.4	25/210	11.9

从第一次调查的数据来看,女子较多地使用"吓",较少地使用"霍",但是百分比没有拉开。从第二次调查的数据来看,女子仍然较少地使用"霍",但是也较少地使用"吓"。这就难以证实女子多用"吓"的假设。以下是加进年龄因素的统计。

表三十六 不同性别不同年龄的北京人说"吓"和"霍"的统计

	男		女	
"吓"				
(第一次调查)				
61岁以上	8/13	61.5%	4/8	50.0%
51—60岁	3/7	42.8	6/12	50.0
31—50岁	5/15	33.3	5/14	35.7
30岁以下	9/16	56.2	13/15	86.6
(第二次调查)				
61岁以上	10/27	37.0%	7/22	31.8%
51—60岁	5/9	55.5	7/17	41.1
31—50岁	17/49	34.6	17/42	40.4
30岁以下	44/105	41.9	38/129	29.4
"霍"				
(第一次调查)				
61岁以上	2/13	15.3%	0/8	0
51—60岁	2/7	28.5	4/12	33.3
31—50岁	4/15	26.6	2/14	14.2
30岁以下	3/16	18.7	3/15	20.0
(第二次调查)				
61岁以上	3/27	11.1%	0/22	0
51—60岁	2/9	22.2	1/17	5.8
31—50岁	9/49	18.3	10/42	23.8
30岁以下	21/105	20.0	15/129	11.6

从表三十五、表三十六的统计数据来看，使用叹词"吓"或"霍"和性别没有明显的关联，最多只能说女子使用"霍"总的

说来少一些(也有例外)。这当然和确定的调查项目是否恰当有关的。我们这次的调查项目看来不很典型。因此我们还不能匆忙地得出结论说性别对使用北京话的某些语音和语汇形式就没有影响。

4.2　其他问题

4.2.1　叹词"呀"

1978、1979两年我们在为《北京话的语气助词和叹词》一文搜集资料的过程中发现一部分地道的北京人有叹词"呀"。这两次调查时我们把"呀"作为一个调查项目进行了调查,所得的结果如下。

表三十七　新老北京人使用叹词"呀"的统计

	叹词"呀"			
	(第一次调查)		(第二次调查)	
老北京人	26/64	40.6%	70/189	37.0%
新北京人	9/36	25.0	114/211	54.0

说明:叹词"呀"的例句是:
　　呀,火灭了!
　　呀,你还没走呢!

表三十八　不同年龄的北京人使用叹词"呀"的统计

	叹词"呀"			
	(第一次调查)		(第二次调查)	
61岁以上	7/21	33.3%	15/49	30.6%
51—60岁	6/19	31.5	11/26	42.3

31—50岁	10/29	34.4	45/91	49.4
30岁以下	12/31	38.7	113/234	48.2

表三十九　不同文化程度的北京人使用叹词"呀"的统计

叹词"呀"（第一次调查）		
大学	5/11	45.4%
中学	19/54	35.1
小学	10/22	45.4
文盲	3/13	23.0

表四十　不同职业的北京人使用叹词"呀"的统计

叹词"呀"	（第一次调查）		（第二次调查）	
干部	24/54	44.4%	109/215	50.6%
工人	11/36	30.5	67/165	40.6
家庭妇女	2/8	25.0	8/20	40.0

表四十一　不同民族的北京人使用叹词"呀"的统计

叹词"呀"	（第一次调查）		（第二次调查）	
汉	17/59	28.8%	153/329	46.5%
满	1/17	5.8	5/25	20.0
回	17/21	80.9	26/46	56.5

表三十七、表三十八看不出什么规律性，这说明使用不使用叹词“呀”和家庭语言环境、年龄的关联程度不深。表三十九似乎显示出使用“呀”和文化程度有一定关联，但不明显。表四十有一定规律性，依次家庭妇女使用叹词“呀”比工人少，工人比干部少。但是百分比没有拉开，规律性还不够明显。

表四十一有明显的规律性。在两次调查中使用叹词“呀”最多的是回族(第一次调查的百分比很悬殊)，其次是汉族，再其次是满族。满族的百分比和回族、汉族拉得很开。

有人认为叹词“呀”是从书面语引进口语的，但是调查的数据不足以支持这种观点(参见表三十九)。有人认为叹词“呀”不是北京话所固有的，而是从南方话(泛而言之)引进的，但是表三十七、表三十八的数据并不支持这种论点。至少就目前而言，61岁以上的地道的北京人，包括和外界接触较少的老年家庭妇女，都有说“呀”的。这说明叹词“呀”在北京话中存在已有相当一段时间，并不是最近才产生的。至于回族使用叹词“呀”的比较多，原因还不清楚，需要进一步研究。

4.2.2 “一”、“七”、“八”变调问题

近年来已经有人注意到，有的北京人“一”、“七”、“八”在任何情况下都读阴平，不变调。我们的调查结果如下。

表四十二　不同年龄的新老北京人"一"字连读时不变调的统计

	"一"字连读不变调							
	老北京人		新北京人		老北京人		新北京人	
	（第一次调查）				（第二次调查）			
61岁以上	0/17	0	(0/4)	—	0/45	0	(0/4)	—
51—60岁	0/15	0	(0/4)	—	1/22	4.5	(1/4)	—
31—50岁	0/18	0	1/11	9.0	4/44	9.0	9/47	19.1
30岁以下	0/14	0	2/17	11.7	5/78	6.4	7/156	4.4

表四十三　不同年龄的新老北京人"七"、"八"两字连读时不变调的统计

	"七"、"八"不变调			
	老北京人		新北京人	
	（第一次调查）			
61岁以上	1/17	5.8%	(1/4)	—
51—60岁	5/15	33.3	(1/4)	—
31—50岁	6/18	33.3	8/11	72.7
30岁以下	10/14	71.4	14/17	82.3
	（第二次调查）			
61岁以上	5/45	11.0%	(1/4)	—
51—60岁	2/22	9.0	(2/4)	—
31—50岁	10/44	22.7	19/47	40.4
30岁以下	41/78	52.5	113/156	72.4

说明："七"、"八"两字不变调包括变调混乱的情况。

表四十二、表四十三的数据说明,“一”字连读时不变调是一种新起的现象,并且限于50岁以下的新北京人,老北京人都变调,老年的新北京人也变调。“七”、“八”两字连读时不变调的现象比“一”字不变调要普遍得多,并且正在迅速普及,30岁以下的新老北京人都已有半数以上的人不再变调。这种趋势如果继续下去,再过几十年,多数北京人在“七”、“八”两字和其他字连读时恐怕都不再变调了。

4.2.3 “我们”、“咱们”和“仨”

北京人也有不分“我们”和“咱们”,一般不说“仨”sā(三个)的,不过只是少数人。

表四十四　不同年龄的新老北京人不分“我们”和“咱们”,不说“仨”的统计

	不分“我们”和“咱们”				不说“仨”			
	老		新		老		新	
(第一次调查)								
61岁以上	0/17	0	(0/4)	—	0/17	0	(0/4)	—
51—60岁	0/15	0	(2/4)	—	1/15	6.6	(1/4)	—
31—50岁	0/18	0	0/11	0	0/18	0	1/11	9.0
30岁以下	0/14	0	3/17	17.6	3/14	21.4	2/17	11.7
(第二次调查)								
61岁以上	1/45	2.2%	(0/4)	—	4/45	8.8%	(0/4)	—
51—60岁	2/22	9.0	(1/4)	—	0/22	0	(0/4)	—
31—50岁	4/44	9.0	6/47	12.7	4/44	9.0	2/47	4.2
30岁以下	5/78	6.4	19/156	12.1	11/78	14.1	31/156	19.8

表四十四表明，不分“我们”和“咱们”，不说“仨”是一种新起的现象，老北京人、老年人受这种影响很小，新北京人、年轻人受这种影响较大。这是一种值得注意的新动向。

§5　余论

5.1　通过这两次调查，我们对北京话的现状有了比较具体的了解。

(1) 北京话的内部差异目前主要已经不是东西城之间的，而是新老北京人之间的差异。这也就是说，影响北京话的已经不再主要是居住地区的因素，而家庭语言环境是主要的因素。

(2) 在目前，各种影响北京话的社会因素，最突出的是家庭语言环境这一因素，其次是年龄因素，再其次是文化程度和职业的因素。

(3) 大多数社会因素对选择语汇形式的影响比对选择语音形式的影响更为显著。这是因为一般人选择语汇形式比较自觉，是比较有意识的，而选择语音形式比较不自觉，相对而言是无意识的。

(4) 北京话正在迅速发生变化。30 岁上下的北京人的语言有明显差异。这是和三十多年前发生的重大社会变革密切相关的。

(5) 北京话正在迅速向普通话靠拢，土话土音在迅速消失。新北京话已经十分接近普通话。

北京话的语气助词和叹词*

§0 引言

本文讨论的是北京话的语气助词和叹词，使用的材料限于老北京话的有限材料。这些材料有以下三种：

(1) 北京作家的作品：

《老舍剧作选》(以下简称《剧作》)，老舍著，人民文学出版社，1978 年。

《骆驼祥子》(以下简称《骆驼》)，老舍著，人民文学出版社，1955 年。

《小坡的生日》(以下简称《小坡》)，老舍著，生活书店，1934 年。

《戏剧杂谈》(以下简称《戏剧》)，侯宝林整理，通俗文艺出版社，1956 年。

---

* 本文的初稿是在 1978—1979 年间写成的。在最初搜集资料过程中杨淑璋同志曾帮忙做了不少具体工作。修改稿在 1980 年完成，后来在《中国语文》1981 年 5、6 两期上发表时因限于杂志篇幅不得不作较多的删削。这次发表又作了不少修改。

《侯宝林、郭启儒表演相声选》(以下简称《相声》)，沈阳春风文艺出版社，1963 年。

《传统相声集》[1]（以下简称《传统》)，上海文艺出版社，1981 年。

(2) 侯宝林等的相声录音。

(3) 调查材料。

在我们这次调查中给予合作并赐教益的九位同志以及他们的语言背景如下：

姓　名	性别	民族	年龄[2]	祖居地点	职　　业	曾否在外地居　　住
孙敬修	男	汉	76	崇文门内	教育工作者	未
冯世五	男	满	76	护 国 寺	职　　员	未
崔如岱	女	汉	76	崇文门外	保　　姆	未
侯宝林	男	满	63	地安门内	相声演员	天　津
徐仲华	男	满	60	东四九条	教　　师	未
王国璋	男	汉	54	和平门内	教　　师	未
沙雅荣	女	回	44	教子胡同	教　　师	未
马国荣	女	回	42	牛　　街	教　　师	未
刘家恕	男	汉	38	北兵马司	教　　师	未

我们的调查内容限于请这些同志：(1)朗读摘录卡片上我们怀疑有问题的例句，核对有关连读音变和声调方面的问题；

---

① 限北京籍作者的篇目。

② 年龄是 1979 年调查时的年龄。

(2)辨析语气助词和叹词的意义及其习惯用法;(3)提供新的例句;(4)提供老北京人对一些问题的直感和看法。

在这里我们认为有必要声明一下:书面材料,包括以上列出的一些书面材料在内,就反映语气助词和叹词的实际读音而言,都并不十分可靠;在这种情况下,连读音变和一些叹词的读音我们一概以调查材料为准。

§1 语气和语气词(语气助词和叹词)

1.1 语气表示说话人:

(1) 由周围的事物或对方的说话内容引起的某种感情,这是表情语气,如赞叹、惊讶、诧异、不满,等等;

(2) 对自己的说话内容的态度,这是表态语气,如肯定、不肯定、强调、委婉,等等;

(3) 向对方传递某种信息,这是表意语气,如祈求、命令、提问、追诘、呼唤、应诺,等等。

1.2 语气可以通过(1)语气词(语气助词和叹词),(2)语调,(3)其他表示语气的语词(如副词“一定”、“可能”等)来表达。

1.3 语气助词和叹词都表示语气,因此可以统称为语气词;但是一般根据句法功能的不同和重音的有无分成两类,一类称为语气助词,一类称为叹词。在事实上,有时候是很难分清的，如“啊”a，既是语气助词，又是叹词，语气意义基本相同，类似的还有“呕”ou 等。

1.4　语气助词“的”、“了”和相应的结构助词、时态助词很难截然分开，并且“的”和“了”是一个完整的句子不可分割的一部分，不是可有可无的，和附加在句子后面的一般语气助词很不相同。“的”和“了”也许可以称为“结构（或时态）语气助词”。

1.5　在同一位置上同时出现两个或两个以上的语气助词时，叠用的顺序是：结构（或时态）语气助词＋辅音语气助词＋元音语气助词。辅音语气助词指以辅音开头的语气助词，如“吧”、“吗”等；元音语气助词指以元音构成的语气助词，如“啊”、“哎”等。

语气助词叠用顺序表

0	Ⅰ		Ⅱ
的 了	呢	吧 吗 嚜	啊 哎 呕

“呢”和“吧”、“吗”、“嚜”可以同时出现，在同时出现时，“呢”在前。这种场合的“呢”有时受后一语气助词中元音 a 的影响，可以同化为“哪”。例如：

他还没走呢吧？（沙雅荣）

还穿着哪吗？（《剧作》220 页）

他在那儿蹲着哪嘛!(《传统》24 页)

这里的“哪吗”、“哪嘛”中的“哪”是“呢”受后面“吗”、“嘛”的同化而成了“哪”,不是“呢+啊+吗/嘛”。这种同化现象又见于“了”加“吗”等,如:

钱不是输啦吗!(《传统》181 页)

1.6 叠用语气助词产生连读现象,某些连读的语音形式稳定下来就成了合成语气助词,如:

呗 bei/bai =吧 ba+哎 ei/ai
咧(唻) lei/lai =了 le+哎 ei/ai
嘛 ma =嚜 me+啊 a
喽 lou =了 le+呕 ou

合成语气助词和在连读过程中产生的临时的合成语音形式的差别在于:(1)合成语气助词是稳定的语音形式,一般说话的人已经感觉不到这是合音;(2)合成语气助词的语义已经不完全是原有的单纯语气助词语义的简单的相加。

§2 语气助词的连读音变

2.1 元音语气助词在语流中往往和前面的音节连读,连读产生音变现象。这就是通常说的语气助词的连读音变。

由于语流的速度不同,连读还是不连读,连读后产生什么样的音变现象都有所不同。可以有三种不同的语流速度:慢速,常速,快速。缓读时是慢速语流,往往不连读,如朗诵和电台广播。日常说话大多是常速语流,往往连读。老北京人在家常场合往往用快速语流。快速语流产生合并音节的合音现象。

影响连读音变的还有其他一些因素。语流中的间歇,哪怕是旁人几乎觉察不到的间歇,也可以阻止产生连读现象;既然不连读,也就不产生音变。在不同的场合使用不同的语体,不同的语体影响语流的速度,从而影响连读音变。还有一个社会因素:连读音变是北京话,特别是老北京话的特色,和普通话相比,显得有点“土”,所以不少北京人有意识地要避免这种“土腔”,这就影响到连读音变。

我们调查了“总理啊总理!”这句话中的“啊”的读音,一共发现有三种情况:

(1) 肯定应该读“啊”,不能读“呀”,理由是“‘啊’庄重,‘呀’不严肃”或“‘啊’感情深,‘呀’感情不深”。(孙敬修,冯世五,孙金鉴,马国荣,黄震宇,孙少军六人)

(2) 肯定只说“呀”,不说“啊”。(侯宝林,崔如岱,赵纬厚,韩长立,徐仲华,徐雨时六人)

(3) 两可。(王国璋,沙雅荣,刘家恕,杨晔四人)

以上的例子只是想说明,连读音变不是绝对的而只是一种可能性,也不是一个纯粹的语音问题而是由很多心理和社会因素决定的。

赵元任也指出过这一点。他说："但在平常说话的时候，只有 n 收音的用哪是差不多一定的，其余的因为收音不很咬的紧，所以呀，哇，兀丫等音就不大清楚了，例如'您好阿？''Nin hao a？'好字的尾音在 o，u 之间，所以哇音不能成立，听来还像是原来的阿。同样，'买阿！''mae a！'的阿也不能成清清楚楚的呀音。大概在诗词戏剧里头注重咬文嚼字的时候，这些呀哇哪兀丫就都出来了，平常就是哪字要紧些，其余的不大听见（所谓不大听见，并不是不常听见，是听不很真的意思）。"（《北京，苏州，常州语助词的研究》，《清华学报》第三卷第二期，903 页）

2.2　常速语流中的连读音变。

在常速语流中，元音语气助词往往和前一音节连读，连读后语气助词的音变规律如下：

前一音节	＋啊 a	＋呕 ou	＋哎 ei/ai
-n	na	nou	nei/nai
-ng	nga	ngou	
zhi，chi，shi，ri	ra	rou	
zi，ci，si	[z][1]a	[z]ou	
-i，-ü	ia	iou	
-u	ua	uou	
-a，-e，-o	ia	iou	

① 方括弧内的是国际音标；凡《汉语拼音方案》字母无法表示的音改用国际音标，下同。

例如：

您甭害怕，您哪。(-n＋a→na)(《传统》412 页)

这么唱保险哪！(-n＋a→na)(《传统》447 页)

在哪儿唱啊？① (-ng＋a→nga)(《传统》392 页)

是啊！(shi＋a→shi＋ra)(黎锦熙《新著国语文法》333 页)

你们快些来吃啊！(chi＋a→chi＋ra)(同上)

你盼我死啊！(si＋a→si＋[z]a)(同上)

你呀！(-i＋a→ia)(《剧作》7 页)

妈妈不许我去呀。(-ü＋a→ia)(《剧作》152 页)

刘巡长，怎么这么闲在呀？(-ai＋a→ia)(《剧作》13 页)

七八五十六哇。(-ou＋a→ua)(《传统》395 页)

语言里有什么毒哇？(-u＋a→ua)(《传统》411 页)

爬呀，爬呀，爬到山村里去。(-a＋a→ia)(《小坡》158 页)

三十分儿？(手势)那不及格呀。(-e＋a→ia)(《传统》393 页)

别那么说呀，好死不如癞活着！(-o＋a→ia)(《剧作》12 页)

别忙欧，还没完耨！(-n＋ou→nou)(赵元任)

你们快些来玩耍哟！(-a＋ou→iou)(黎锦熙)

“哎” ei/ai 处在由叹词向语气助词的转化过程中，所以“哎”的连读音变过去很少有人注意。我们在调查一位家庭妇女李秀英时，她随口说了一句：“就这么喊 nēi！”这个 nēi 不完全是轻声，是平调，和“呕”的连读音变的情况相似。平时大家

① -ng，zhi，chi，shi，zi，ci，si 引起的“啊”和“呕”的变音没有专用的汉字，书面语的例子看不出音变现象，因此难以一一引例。以下引了个别赵元任和黎锦熙引用过的例子，因为他们或者作了注，或者使用特殊的汉字来表音。

注意到了的是“了”和“哎”的合音“咧”lei/lai，这个合音也同样不是轻声。

元音语气助词连读变音以后，少数有公认的汉字形式，如“呀”、“哇”、“哪”、“哟”，多数没有一定的汉字形式，或者根本没法用汉字来表示。到目前为止，语气助词的汉字形式还没有规范化，所以在书面作品中相当混乱。外地作家一般只使用“啊”（或作“呵”）和“呀”，并且笔底下的“啊”和“呀”并不反映实际读音。他们极少使用“呕”（包括合音“喽”）或“哎”。北京作家有的使用“哇”、“哪”、“喽”、“咧”等，基本上反映实际读音，但是他们的“啊”和“呀”却往往靠不住，也一样随便乱写。侯宝林的作品比较注意汉字反映实际读音，一般是“呀”写“呀”，不是“呀”的一律写“啊”（个别场合“哇”也单写）。我们认为这种写法可以推广。

连读音变受心理和社会因素影响的最明显的例子是“-u＋a”往往不读“哇”的趋势。沙雅荣等几位女同志异口同声地说“哇”特别“土”，所以她们一般不说“哇”。例如“你明儿跟我们一块儿去？”这样的问句，答句是“好啊！”，不说“好哇！”，只是在“你好哇！（你又骗了我）”这样的句子中才必得用“哇”。她们说：“这时候‘口气重’。”

2.3 快速语流中的连读音变。

在快速语流中元音语气助词往往和前一音节并缩成一个新的音节。并缩的一般规律如下：

元音语气助词和以轻声韵母结尾的前一音节连读时，前一音节的轻声韵母失落，声母和元音语气助词直接相拼，如：

前一音节	＋啊 a	＋呕 ou	＋哎 ei
de	da	dou	dei
le	啦 la	喽 lou	咧 lei
me	嘛 ma	mou	mei
ne	哪 na	nou	nei
ba	—	bou	呗 bei
zhe	zha	zhou	—

例如：

本来应该他去搭！(de＋a→da)(赵元任)

都是那个姓张的闹搭！(de＋a→da)(赵元任)

四哥，沟怎样啦？(le＋a→la)(《剧作》57页)

玩儿命啦？(le＋a→la)(《传统》470页)

啊，票友儿嘛！(me＋a→ma)(《传统》449页)

那把门的厉害着哪！(ne＋a→na)(《传统》464页)

小心欧！不是玩儿兜！(de＋ou→dou)(赵元任)

你再想想欧！是不是昨儿去兜！(de＋ou→dou)(赵元任)

你怎么忘了nou！(ne＋ou→nou)(徐仲华)

你没晓兜，才舒伏之〔着〕耨！(ne＋ou→nou)(赵元任)

冷喽！快吃啵！(le＋ou→lou，ba＋ou→bou)(赵元任)

明儿一发烧就得感冒喽。(le＋ou→lou)(《传统》412页)

别瞎闹欧！你看清了是甚谋！(me＋ou→mou)(赵元任)

没完耨，他还在那儿吃周！(zhe＋ou→zhou)(赵元任)

你这个死不了dei！(de＋ei→dei)(徐仲华)

大伙儿都这么干的mei！(me＋ei→mei)(徐仲华)

你昨儿还跟我说的，怎么就变咯卦了nei？（ne＋ei→nei）（徐仲华）

吃来呗，闹块咧，杀着你的口儿甜咧，两个大咧，吃来呗，闹块尝啊。（ba＋ei→bei，le＋ei→lei）（《传统》443 页）

很多合音没有固定的汉字书写形式，有些合音比较少见，但是出现临时的合音的可能性随时存在。老舍《剧作》53 页"来嘹！ 赵大爷，我来嘹！"中的"嘹"显然是一种合音，来源可能是"来哩噢"（故意学外地腔），li＋ao→liao；或者是"了＋噢"，le＋ao→le＋iao→liao。老舍的作品中还出现过"哷"da、"啵"bou 等自造的汉字，但是并没有流行开来。

§3 叹词在语音上的不稳定性和超系统性

3.1 一部分叹词（包括相应的语气助词）的发音是不稳定的，开口度的轻微变化都会引起音质的变化。另一方面这当然也是和北京话的叹词（包括相应的语气助词）没有规范化有关系的。

有几组叹词（包括相应的语气助词），仅仅开口度稍有不同，使用范围和语气意义十分接近，甚至相同，似乎只是同一叹词（或语气助词）的不同变体。

（1）ê/ei/ai 在我们使用的全部书面材料中只有"哎"、"唉"、"嗳"，不出现"欸"。这显然不是口语中不出现 ei 这个音，而是“欸”这个字太不通俗，作家们宁愿用别的字。这一组，除了 ài· 和 ài:(长调和特长调的去声“唉”)以外，使用范围和语气意义基本上是一致的(参见 §5 叹词)。这一组中 ei 最常见，《现代汉语词典》写作“欸”；ai 常写作“哎”；长调的 ài· 和 ài: 可以写作“唉”。

(2) ou/ao 这也是开口度问题，书面写作“呕”和“噢”。在这次调查中没有一个人认为 o“哦”是北京话，在北京作家的作品中也没有发现“哦”。

(3) io/iou/iao 这和上面的 ou/ao 是平行的。据此推论，也许 o“哦”也是存在的，或者在过去是有过的。但是目前缺乏调查材料还不能下结论。就目前而论，多数人用 io，少数人用 iou，多数老年妇女用 iao。男同志和知识妇女很少用 iao。不少人 io 和 iou 随便用。在书面 io 和 iao 都写作“哟”，iou 写作“呦”，但也往往写作“哟”。郭全宝的对口相声《雇车》中有一段话：“妇女说话也有规矩，一句话的前头爱加个‘哟’字。”老太太的“哟”还拉得特别长，“哟——”的一声，北京土话的味儿全出来了，这恐怕是现在的知识妇女不愿意用“哟”的一个原因吧。就语气意义而言，这几个叹词基本上是一致的。

(4) he/huo 在书面 he 写作“吓”、“嗬”、“喝”，huo 写作“嚄”或“嚯”。在我们这次调查中女同志用 he 的多，男同志用 huo 的多。例如马国荣同志(女)认为 huo“粗野”。在使用范围和语气意义上 he 和 huo 没有区别。

（5）hm/hng　这两个音仅仅是闭口和开口的区别，在书面一般写作“哼”。

（6）n/ng/ang　这也是开口度大小的不同，平时用 n 或 ng，在距离较远怕听不清和在电话中用 ang。m“呣”的一部分用法和这一组相同，但表示“禁止”、“训斥”的低降调 m“呣”不属于这一组。n 和 ng 在书面一般写作“嗯”，个别场合 ng 单写作“唔”，ang 无字。

3.2　叹词在语音上的某些特点超出了北京话的一般字音系统。

（1）超系统的调型　叹词的调型已不限于阴阳上去四种调型。“哟”io 表示突然想起什么而惊讶时，如“哟，忘了锁门了！”，几乎短促到像吴语的入声；表示哀伤的“唉”是一个低降调；“哟——”拉得很长，开始是高平调，末尾下降。这些特殊的调型有的是受情绪影响的，有的可能是受语调影响的。

（2）声调的表义性　声调平时只有辨义作用，并不表义。但是一部分叹词的阳平调都表示“追问”，如 á，ái，óu，áo 等，去声都表示“应诺”，如 à，ài，òu，ào 等，上声都表示“不满”，如 ǎ，ǎi 等。

（3）音长的辨义作用　音长平时不起辨义作用，但某些叹词的区别却表现在音长上（往往和特殊的调型相结合），如：

à　应声　àˑ　醒悟　àː　惊叫

hài　不满　hàiˑ　叹息

(4) 吸气音[ts<]和[pf<]　吸气音是很特殊的音，完全超出了北京话的语音系统。[ts<]在书面写作"啧"，[pf<]无字。

(5) 成音节的辅音　汉语音节都由声母和韵母或单独由韵母组成，声母不能自成音节，但以下叹词由声母自成音节构成：

m"呣"　n"嗯"　ng"唔"

(6) 浊辅音　北京话除鼻音、边音外没有浊声母，但是语气助词的连读音变中出现[z]；"哎"ai 读上声，"唉"ai 读低降调时前面明显地出现浊声母[ɦ]。

§4　语气助词的语气意义

4.1　语气助词的意义本身富于弹性，随语言环境而有细微的变化，同时还受语调的影响，不容易确切地把握。语气助词又总和具体的句子结合使用，句子中的语气词所表示的语气意义和语气助词所表示的语气意义交织在一起，这就会影响我们对语气助词本身包含的意义的理解。我们试图从两方面来解决这个问题：(1)尽可能把语气助词的意义描写得概括一些，使其富于弹性；(2)尽可能排除句子中其他语词和语调对语气助词本身意义的干扰，也就是尽可能不把其他语词和语调所表示的语气意义误加在语气助词身上。

结构(或时态)语气助词“的”和“了”不在本文讨论之列。

4.2 语气助词在句末的语气意义

4.2.1 啊[1]·a 表情语气助词，表示说话人的感情，具体色彩随说话内容和语言环境而定。由于连读音变，具体的语音形式可以是“啊”a，“哇”ua，“呀”ia，“啦”la，“哪”na等。

那也不行啊！(《传统》419页)

红鱼，绿闸草，多么好看哪！(《剧作》23页)

你干什么去啦？(《剧作》58页)

我一想统统全打，咱也别给破坏这制度哇！(《传统》419页)

这个条件容易，谁不会说话呀？(《传统》411页)

4.2.2 啊[2] $a^{33/44}$ 中平调或中高平调，这和叹词“啊”相通，用在祈使句中，表意语气助词，表示催促，劝听。“啊[2]”往往保留平调，但已不是叹词“啊[2]”那样的高平调。“啊[2]”和“啊[1]”一样可以有各种音变形式。

余大妈，您别走啊！(《剧作》163页)

给我点水喝呀！(《剧作》9页)

行啦，别亮啦！(《传统》398页)

4.2.3 吧·ba 表态语气助词，赋予说话内容以不肯定的口气：

啊，这大概就是下雪吧！(《小坡》35页)

问哥哥吧？(《小坡》3页)

那就上井吧。(《相声》6页)

二哥,给我吧!(《小坡》3页)

“吧”可以用在各类句子后面,不论是陈述句,还是疑问句,祈使句,感叹句。在句子中其他语词和句型语调的影响下,全句可以有各种不同的语气意义,因而似乎“吧”就有各种互不相干的语气意义。但是实际上这些并不是“吧”本身的语气意义。如“您听错了吧!”这句句子的意思本来是很肯定的,加了“吧”变得不太肯定了,并且主语是“您”,不是说话的人自己,有没有听错,说话的人不能作最后的结论,只能“揣测”,所以似乎有“揣测”口气。如果改成“我听错了吧!”原来很肯定的“我听错了”变得不太肯定了,但这里不存在“揣测”的问题,因为对自己用不着“揣测”。如果这两句改用疑问语调,“您听错了吧?”,“我听错了吧?”,那是希望对方加以肯定,但疑问语气是由疑问语调决定的,和“吧”无关,“吧”只是使原来的肯定句变得不肯定,因而疑问句是希望得到肯定的答复。

“那就上井吧”是用“吧”的不肯定语气来缓和命令口气。“别唱了吧!”,“快走吧!”也一样。“那就上井吧”似乎有“商榷”语气,但实际上“商榷”是由全句的意思决定的。这些句子的命令内容可以照办也可以不照办,再加上不肯定语气,就成了“商榷”。如果是“你要死就去死吧!”这样的句子,虽然也有“吧”,也是祈使句,但不可能有什么“商榷”语气,因为全句的意思排除了这种可能性。肯定的陈述加上不肯定语气就是

“传信”，否定的陈述加上不肯定语气就是“传疑”。

4.2.4　欸·ei/ei^{55}，哎·ai/ai^{55}　表意语气助词，提请对方注意，招呼对方。这和叹词“欸”，“哎”相通，但独立性减弱，和前一音节可以连读，和“吧”连读成为“呗”，和“了”连读成为“咧”。

下来欸！（《夜行记》录音）

香果来！闻香果啊唉！（《相声》176 页）

4.2.4.1　呗^{1}·bei/bei^{55}，·bai/bai^{55}　“呗^{1}”是表示不肯定语气的“吧”和表示提请注意的“欸^{1}”（参见§5.2.1）合成的语气助词。这样的“呗^{1}”读轻声或平调（可高可低），表示事理当然，兼有缓和语气，提醒对方的作用。

有困难就克服呗！（《相声》188 页）

瞎混的呗！（《剧作》101 页）

“瞧瞧这块哎，真正细毛月真色不掉，买到家里做裤褂儿去呗——”（《传统》428 页）

4.2.4.2　呗^{2}·bei/bei^{31}，·bai/bai^{31}　“呗^{2}”是表示不肯定语气的“吧”和表示应诺的“欸^{4}”（参见§5.2.4）合成的语气助词，读轻声或低降调，表示同意或无可奈何地认可。

反正冬底我就入社呗！（《相声》71 页）

城里头闹什么自由婚，还是葱油婚哪，闹呗！（《剧作》47 页）

〔奶奶　你在哪儿学的蒸包子呀?〕

李天祥　部队里呗（《剧作》242 页）

4.2.4.3　咧，唻 lei^{55}，lai^{55}　这是“了”和“欸^{1}”合成的语

气助词，主要起提请对方注意的作用。

送煤球来咧！（《相声》133 页）

借光咧，借光！（《剧作》220 页）

卖大——小金鱼儿咧。（《剧作》22 页）

由于常用在叫卖声中，有的“咧”就不能还原为“了＋欸”，而成了一个叫卖用的语气助词，如：

牛筋崃豌豆噢！（《相声》176 页）

小枣儿咧切糕，江米切糕！（《相声》60 页）

4.2.5　吗·ma　表意语气助词，向对方提问，要求回答。“吗”由于前面的句子所属的类型以及语调的不同而在语气意义上稍有变化。

（1）肯定句＋疑问语调＋吗　表示怀疑和反诘：

是吗？（《剧作》36 页）

王大妈，这合适吗？（《剧作》21 页）

这像话吗？（《传统》415 页）

白布有掉色的吗？（《传统》429 页）

在这种情况下语气助词“吗”和疑问语调重叠，加强怀疑和反诘意味，但是也可以不用“吗”，基本语气不变。

（2）否定句＋疑问语调＋吗　表示实际上肯定，是修辞性的反诘：

呸！你还不该死吗？（《剧作》127 页）

不是要开大会吗？（《剧作》64 页）

司马懿不是带四个龙套吗？（《传统》451 页）

咱们这不是聊了半天了吗？（《相声》2 页）

在这种情况下同样可以不用“吗”而基本语气不变。

(3) 肯定句＋陈述语调＋吗　表示一般疑问，提问的人事先并没有定见：

护士同志，还有床位吗？(《相声》8页)

有什么困难吗？(《剧作》197页)

他懂了吗？(《相声》12页)

你真看出来我骄傲自满吗？(《剧作》185页)

由于语调不同，全句的语气意义就不同。因此，说凡带“吗”的疑问句都是已有六分定见是没考虑到语调的作用。

(4) 否定句＋陈述语调＋吗　表示反诘和理所当然，没有多少疑问语气：

这不是废话吗。(《相声》170页)

我不是到电影训练班看榜去吗？(《剧作》165页)

这类句子和用“嘛”的句子语气意义差不多，只是不如用“嘛”的句子强烈。用“嘛”时一般用感叹语调。

4.2.6　嚜·me　表态语气助词，用在陈述句中，表示自己说的话事理显然，对方早该不言而喻：

就是不知道嚜！(沙雅荣)

“嚜”现在常常和“啊”连用成为“嘛”，单用已很少。

公事公办嘛！(《剧作》218页)

那是，相声是北京的土产嘛！(《传统》414页)

可不是赛聚宝盆嘛！(《传统》9页)

4.2.7　呢·ne　表意语气助词，提请对方特别注意自己说话内容中的某一点，表示这一点的语词往往带强调重音：

(1) 句子＋陈述语调＋呢：

干嘛给我道喜呀，我还给他们道喜呢！(《相声》3 页)

一瞧我爱人，笑不滋儿地在那儿躺着呢。(《相声》3 页)

还有比这省事的呢。(《传统》413 页)

要不怎么说是外行呢。(《传统》442 页)

用“呢”的陈述句在书面有时加感叹号，使读者感到似乎是感叹句，实际上作者加感叹号往往是由强调重音引起的，如：

你这么大的人，还不如小妞子呢！(《剧作》7 页)

何苦呢！(《剧作》31 页)

还没到下班儿的时候呢！(《相声》5 页)

用“呢”的陈述句往往有“还”、“才”等表示强调的语词。“呢”也常和“着”连用，成为“……着呢”。有人认为这里的“呢”表示“持续状态”。实际上表示“持续状态”的是其他有关的语词而不是“呢”，更何况“持续”是一种时态(或动态)意义，根本不是语气意义。不表示“持续”的句子一样可以用“呢”：

大会刚结束呢。

我们昨儿还提到你呢。

表示“持续”的句子也可以不加“呢”：

笑不滋儿地在那儿躺着。

他们在那儿吃饭。

可见“呢”和“持续状态”无关。用“呢”和不用“呢”的区别在于用“呢”是提醒对方：“这种情况你可能不知道，我现在提请你注意。”

（2）句子＋疑问语调＋呢：

哎，我说你结婚没结婚哪？（《相声》17页）

小坡怎样过新年呢？（《小坡》34页）

先生，那怎么办呢？（《传统》196页）

看你妈妈是高兴呢，还是闹脾气呢？（《剧作》160页）

在疑问句中“呢”仍然表示“请你特别注意这一点”。在选择问句中，疑问语调出现在第一个小句末了，全句句末用陈述语调，但习惯上把问号放在全句末了。

（3）句子＋祈使语调＋呢：

您说呢！（《相声》4页）

在祈使句中用“呢”比较少见。

（4）句子＋感叹语调＋呢：

奶音儿还没退哪！（《传统》435页）

哎，什么话哪！（《传统》461页）

家里还揭不开锅呢！（《剧作》17页）

在感叹句中用“呢”往往加“啊”成为“哪”，单用“呢”的较少。感叹语调拉得比较长，音域也拉得比较开。在感叹句中强调重音往往不止一个，所以反而不突出。

（5）短语＋疑问语调＋呢：

你呢，四嫂？（《剧作》70页）

那么说相声呢？（《相声》160页）

〔那年头儿吃辣椒就有青的。〕红的哪？（《传统》438页）

〔北方的地方戏，北方人都听得懂。〕南方的地方戏呢？（《传

统》416页）

如果以上这些句子不用疑问语调而用陈述语调，那就不是疑问句而成了“暂顿”，表示句子没完，如：

你呢——

那么说相声呢——

红的哪——

南方的地方戏呢——

如果用疑问语调，即使没有“呢”，也同样是疑问句：

四嫂你？

那么说相声？

南方的地方戏？

单用疑问语调不用“呢”时特指意味不明显，字数太少会有歧义，如“你？”，“红的？”可以理解为没听清而追问。

(6) 小句＋疑问语调＋呢：

他要不同意呢？

要是天下雨呢？

大家都不去呢？

在这种场合，小句中要突出强调的是某种假设或条件。疑问是由疑问语调决定的，如果用陈述语调就是暂顿，如：

他要不同意呢——

要是天下雨呢——

从(5)、(6)两种情况来看，“呢”仍然是表示特指强调的表意语气助词，疑问语气是由疑问语调决定的。

4.2.8　呕·ou/ou[55]，·ao/ao[55]　表意语气助词，用来

提请对方注意，提出劝告等，一般在家常语体中使用，含有亲昵的意味，有音变形式“哟”等：

这可怎好呕！(《剧作》26 页)

王大妈，娘子，看新衣裳呕！(《剧作》68 页)

打开信皮儿，我一看，我这份儿乐哟！(《相声》19 页)

好好养着哟，别叫野猫吃了哟！(《剧作》23 页)

可了不得，看，那个大开路鬼哟！(《小坡》125 页)

4.2.8.1　喽 · lou/lou[55]　这是“了”和“呕”合成的语气助词：

别吵喽！(《剧作》57 页)

你上哪儿去喽？(《剧作》58 页)

开会去喽！快到时候啦！(《剧作》72 页)

干脆别进饭馆，进去也得把你气喽！(《传统》193 页)

“喽”有人写作“咯”，大概是轻声的原因。“喽”也可以是“了”的一种变体，用在比较“土”的家常语体中，带有亲昵和玩笑的意味，如：

吃咯饭再走。(徐仲华)

吃饱喽饭，看完喽电视，再睡觉。(徐仲华)

还不是跟你们读书人写字一样，功夫到喽就成啦！(《传统》652 页)

4.3　语气助词在小句末的语气意义

合成语气助词“呗”、“咧”、“喽”不出现在偏位的小句末，其他的语气助词在小句末和在句末的语气意义基本相同。语气助词用在小句末时，整个小句的意义和语气助词的语气意义交织在一起，而在前的小句按常规是从属性质的，表示时间、条件、让步等等，因而使人感觉到有条件、选择、让步等语气；事实上，这些“语气”是整个小句的语义和在全句中的位置决定的，和语气助词没有关系，即使不用语气助词，也还有这些“语气”。例如：

卖糖吧，就能告诉人家糖里有什么，吃了有什么好处。（《剧作》195 页）

你就拿人来说吧，一共有六亿五千万。（《相声》182 页）

这样的事儿吗，我没听说过。（马国荣）

我说吗，大家都得去。（马国荣）

你要去嘿，我就陪着。（沙雅荣）

知道嘿，就是知道；不知道嘿，就是不知道。（沙雅荣）

哪怕是做小工子活掏沟修道呢，我也好有个抓弄呀。（《剧作》35 页）

要不然呢，你就参加缝纫小组，那有些收入。（《剧作》248 页）

现在，雨住了，天也亮了，大家愿意回家看看去呢，就去；愿意先歇会儿再去呢，西边咱们包了两所小店儿，大家随便用。（《剧作》62 页）

不给我修啊，哼，我没法拉车，也就没钱上捐。（《剧作》160 页）

天天早上出来这么一趟啊，倒能够多吃半碗饭啦。（《剧作》188 页）

这些句子去掉了语气助词，小句的性质都不变，这就说明语气助词和这些小句的性质无关。

以下比较一下小句内容相同，语气助词不同的句子。这些句子中的有关小句用不同的语气助词，因而语气不同，但小句的性质不变。

去，不好；不去，也不好。（不用语气助词，一般陈述）

去吧，不好；不去吧，也不好。（用“吧”，不肯定）

去吗，不好；不去吗，也不好。（用“吗”，自问自答，犹豫）

去嘿，不好；不去嘿，也不好。（用“嘿”，后果都显而易见）

去呢，不好；不去呢，也不好。（用“呢”，就“去”和“不去”着眼，权衡利弊）

去呀，不好；不去呀，也不好。（用“啊”，动感情）

又如：

你早说，我早就准备好了。（不用语气助词，一般陈述）

你早说吧，我早就准备好了。（用“吧”，不肯定，因而委婉）

你早说嘿，我早就准备好了。（用“嘿”，意思是：你没早说，所以当然我就没准备好）

你早说呢，我早就准备好了。（用“呢”，突出“早”，从而指出对方失误所在）

你早说呀，我早就准备好了。（用“啊”，动感情：瞧你为什么不早说！）

这些句子都有“假设”、“条件”的语气，可是什么语气助词都可以用，而且不用语气助词也一样有这种语气，足见那是由小句的意义决定的，和语气助词无关。“选择”也一样，去掉语气助词仍然保留“选择”意义，如：

你是当康拜因司机（呢）？还是当水枪手（呢）？（《相声》12页）

看你妈妈是高兴（呢），还是闹脾气（呢）。（《剧作》160页）

4.4 语气助词在单词、短语后面的语气意义

语气助词在单词、短语后面的语气意义仍然和在其他场合原来的语气意义相同。“吧”、“嘍”(“嘛”)、“吗”、“呢”用在单词、短语后面时事实上把有关的单词、短语转化成了小句，只有“啊”才是真正表示“暂顿”，而由“暂顿”发展成为表示“列举”。例如：

爸爸干脆就不回来。(不用语气助词，一般陈述)

爸爸吧，干脆就不回来。(用“吧”，不肯定而缓和：说到爸爸吧，他干脆就不回来)

爸爸吗，干脆就不回来。(用“吗”：你问爸爸吗？他干脆就不回来)

爸爸嘍(嘛)，干脆就不回来。(用“嘍”(“嘛”)：他当然不回来)

爸爸呢，干脆就不回来。(用“呢”：至于爸爸，他怎么样？他干脆不回来)

爸爸呀，干脆就不回来。(用“啊”，动感情：他干脆就不回来，气人不气人！)

“啊”尽管大多使句子带上感情色彩，但有的主要表示“暂顿”，如：

当初哇，我讨厌他蹬车。(《剧作》35页)

有一回呀，有一回呀，有一个老虎。(《小坡》55页)

盼哪，盼哪，只盼谁都讲理，谁也不欺侮谁！(《剧作》138页)

“啊”表示“列举”：

像什么杀呀，死呀，亡呀，都不许说。(《相声》197页)

现在好啦，中国空前地统一啦，经济繁荣啦，交通也便利啦。

(《传统》419页)

近些时候特别是女孩子常常用"吧"表示暂顿。也许是"吧"表示不肯定,所以这么说就"委婉"些,就流行起来了。下面是在公共汽车上听到的话:

我吧,昨儿吧,给她打了个电话。她吧,谁知道吧,不在家!

§5 叹词

5.1.1 啊^{1} a^{55} 表情叹词,表示对某种新出现的情况或事物的惊讶或赞叹。表示惊讶时语音比较短促,表示赞叹时语音拉得较长。

啊,刘巡长,怎么这么闲在呀!(《剧作》13页)

啊!统统打?(《传统》419页)

啊!到底是这里,轮船有多么大呀!(《小坡》153页)

5.1.2 啊^{2} a^{44} 表意叹词,劝对方听从自己,要求对方同意。"啊^{2}"在声调上略低于"啊^{1}",也不能拉太长,语音比较稳定。

啊,小乖,别闹,等上街给你买冰棍儿吃。(沙雅荣)

你在家等着,啊!(沙雅荣)

您这是五块,啊!(售货员语)

5.1.3 啊^{3} a^{35} 表意叹词,由于听不清,不理解而追问。

啊?听相声还得记录?(《戏剧》18页)

啊……你问这个干吗?(《剧作》252页)

啊！房倒比山高？（《传统》397 页）

啊，一个唐朝的，一个汉朝的，那能搁一块儿吗？（《传统》474 页）

5.1.4 啊[4] ɑ[214] 表情叹词，由于出乎意料而惊愕。

啊，你哥哥比你小？（《相声》30 页）

啊？我要画儿干吗呢？（《相声》123 页）

啊？跟眼泪定约会啦？（《传统》402 页）

啊？一更（廿斤）？（《传统》587 页）

5.1.5 啊[5] ɑ[51] 表意叹词，表示“我听着呢”，也表示同意。

啊，啊，我上车站去接我的儿子天祥去！（《剧作》229 页）

啊，是呀，它这个，就这差点儿。（《传统》394 页）

啊，票友儿嘛！（《传统》449 页）

呵！这么狠哪！（《传统》592 页）

5.1.6 啊[6] ɑˑ[51]（较长） 表情叹词，表示“原来如此！”

啊！这个小不点儿就是我！（《剧作》266 页）

啊！你的手也是人手，这我就放心了！（《剧作》42 页）

啊！那就是说您哪？（《传统》392 页）

啊！酒中极品呀，那还能用呀！（《传统》637 页）

5.1.7 啊[7] ɑː[51]（最长） 表情叹词，表示恐怖，剧痛。

啊！（惊惶失措，要往里边跑）（《剧作》111 页）

（一个流弹飞来，打中了他）啊！（倒下）（《剧作》362 页）

5.2.1 欸[1] êˑ[55]/eiˑ[55]，哎[1] aiˑ[55]（较长） 表意叹词，提请对方注意，用作呼唤声，同时也用作应声。一般近距离用“欸”，远距离用“哎”（“嗳”），更远的距离用“呕[1]”ouː[55]（参见

5.10.1)。这大概是由于开口度越大声音传得越远。在没有规范化的书面写法时,各种写法都有。

哎,哎! 您研究戏剧有多少年?(《戏剧》1 页)

嗳,同志,你找谁呀?(《相声》7 页)

(已答应)哎!(又急改嘴)哟,看你,怎么叫我王大妈呢?(《剧作》263 页)

哎! 小三儿! 快给我回来!

5.2.2 欸^{2} ê^{35}/ei^{35},哎^{2} ɑi^{35} 表意叹词,表示突然想起什么要说给对方听,有时候用低升调,带浊音声母[ɦ]。

哎,我说你结婚没结婚哪?(《相声》17 页)

哎,你听说了吗?(沙雅荣)

5.2.3 欸^{3} ê^{214}/ei^{214},哎 ɑi^{214} 表情表意叹词,表示不满,不同意,有时带浊声母[ɦ]。

演员心里一生气:"唉! ……。"这一"唉",坏啦。(《相声》220 页)

欸,这就不对了!(沙雅荣)

5.2.4 欸^{4} ê^{51}/ei^{51},哎(唉) ɑi^{51} 表意叹词,表示应声。

哎! 哎! 去吧,乖!(《剧作》115 页)

嗳,这就对啦!(《相声》3 页)

唉,我一会儿就回来!(《剧作》82 页)

5.2.5 唉^{1} ei$^{\blacktriangledown 31}$/ɑi$^{\blacktriangledown 31}$(较长) 表情叹词,表示伤感。因为音较长,很少出现 ê^{31}。

唉,娘子可真有本事!(《剧作》8 页)

唉,那年月,够多惨哪!(《剧作》238 页)

简直的别想,哎! 一想便糊涂得要命!(《小坡》2 页)

5.2.6 唉² ei:³¹/ai:³¹（低而长） 表情叹词，叹息，有时候带浊音声母[ɦ]。

（长叹）唉！（《剧作》298页）

可是，唉，这年月，物价一天翻八个跟头。（《剧作》13页）

5.3 哎呀 ai⁵⁵ ya⁵⁵ 表情叹词，表示惊讶，有时近乎 ei⁵⁵ ya⁵⁵。

哎呀，我的天！你们这是给我饯行呢？还是批评我呢？（《剧作》204页）

哎呀，还真叫他们问住了呢！（《剧作》177页）

（特别出奇地）哎呀！真好！（《相声》10页）

5.4 哎哟 ai⁵⁵ yo⁵⁵/ai⁵⁵ yao⁵⁵/ai⁵⁵ you⁵⁵ 表情叹词，表示惊愕，疼痛。惊愕、疼痛剧烈时语音短促，也单说"哎"或"唷"，后面有喉塞[ʔ]。

哎哟，忘了！（《剧作》245页）

哎哟，我的腿抽筋ル，快来背着我！（《剧作》357页）

唷！这会又成了天文学家啦！（《传统》624页）

也有说"啊唷喂 a⁵⁵ yo⁵⁵ wai⁵⁵"的：

疼的出了声啦："啊唷喂——"（《传统》225页）

5.5.1 嗨¹（嗐，嘿） hai⁵⁵/hei⁵⁵ （1）表意叹词，提请对方注意，不礼貌地招呼对方，和"欸¹"近似。

嗨，你找谁？（《剧作》23页）

嘿！凌云，你快回来，省得老太太的嗓子喊坏了。（《剧作》217页）

（低声对乙）嗐，他就会三段ル。（《戏剧》44页）

嗨,掌柜的,我来啦!(《剧作》115 页)

(2) 表情叹词,表示赞叹。

嗐,越想越棒!(《剧作》202 页)

嘿,真好!(《相声》71 页)

嘿!这么长的句子啊!(《传统》596 页)

5.5.2 嗨^{2}(嗐,咳,嘿) hai▾^{51} /hei▾^{51} 表情叹词,表示不满意。

嗐,京戏没有这样唱的。(《戏剧》15 页)

嘿,怎么这些事就都出在我家里呢?(《剧作》281 页)

嗐,就别说了。(《相声》13 页)

嗐!更难看啦。(《传统》403 页)

5.5.3 嗨^{3}(嗐,嘿) haiː^{31} /heiː^{31}(低而长) 表情叹词,和"唉^{1}"近似,表示叹息。

待一会ㄦ准关城门,就什么也买不到啦!嘿!(《剧作》99 页)

嗨,真没想到!(沙雅荣)

5.6.1 嗬^{1}(喝,吓) he^{55},嚯(嚄)huo^{55} 表情叹词,表示惊叹。

吓,真快!(《相声》129 页)

嚯,真厉害!(《相声》23 页)

嗬,这也太省事啦!(《戏剧》13 页)

喝,老奶奶,您可真有办法!(《剧作》245 页)

嚄,带彩的。(《传统》425 页)

喝,八面驶风,左右逢源,真乃诸葛亮也!(《剧作》331 页)

也有说"唷嚯"或"哟嗬"的,那就更"土",如:

哟嗬!那屋"光当"一下子,黑更半夜,这是谁出来啦?(《戏

剧》12 页)

5.6.2 嗬[2](喝,吓)he^{51},嚄[2] huo^{51} 表情叹词,表示不该如此而不满。

喝,两个人才弄半桶水来!(《剧作》21 页)

嗬!连话都不敢说。(《传统》451 页)

喝,看他这臭美!(周殿福)

5.7.1 哼 hng^{51}/hm^{51} 表意叹词,表示威胁。

哼!爱掉眼泪还有理呢!(《剧作》152 页)

hm,走着瞧吧!(沙雅荣)

也用来威胁孩子不要干一些不该干的事,一般加用眼色,不再说什么。

5.7.2 哼哼 · hng hng^{51} 表意叹词,表示威胁,带"流氓"味。

你打算逃出去,哼哼,休想!(《剧作》357 页)

哼哼,你甭想逃出我的手心儿去!(徐仲华)

5.8 呣 m^{11}(低平) 表意叹词,警告孩子不要干不该干的事,一般加用眼色,不再说什么。

5.9.1 嗯[1] $n^{35}/ng^{35}/m^{35}/ang^{35}$ 表意叹词,由于听不清,不理解而追问,和"啊[3]"意义相同,只是不愿意张嘴而已。在电话中或远距离时用 ang 是怕对方听不清。

你什么?嗯,说呀(大声)!(《相声》21 页)

〔(学上海话)"汏汏绢头。"〕乙 嗯?(《传统》417 页)

也有用如"欸[2]"的,表示突然想到要说什么,如:

嗯？怎么有点糊味儿？（《剧作》245 页）

5.9.2 嗯[2] $n^{214}/ng^{214}/m^{214}/ang^{214}$ 表情叹词，表示出乎意料，惊愕。

"嗯——"她鼻中旋转着这个声儿，很长而曲折。（《骆驼》145 页）

"嗯！我怎么还没张嘴儿就错啦？"（《传统》455 页）

嗯？不对吧！（沙雅荣）

呣？你去过吗？（沙雅荣）

5.9.3 嗯[3]（唔）$n^{51}/ng^{51}/m^{51}/ang^{51}$ 表意叹词，表示"我听着呢"，"我知道了"，也是应诺声。

嗯！嗯！老二想的对！（《剧作》350 页）

乙 普通话？甲 唔，普通话。（《相声》102 页）

嗯，会唱。（《相声》113 页）

嗯！上海是不出相声。（《传统》597 页）

5.10.1 呕[1] $ou{:}^{55}$（长） 表意叹词，向远处呼唤。

呕，干脆就给一块四毛钱，不用驳回，兵慌马乱的。（《骆驼》13 页）

5.10.2 呕[2]（噢）ou^{55}/ao^{55} 表情叹词，表示惊叹。

呕！是你！（《剧作》41 页）

呕，他怎么知道咱们的事情？（《剧作》243 页）

呕，太棒了！（《剧作》45 页）

5.10.3 呕[3]（噢）ou^{35}/ao^{35} 表情叹词，表示惊讶，含有"原来如此"的意思。

呕，是这么回事呀！（徐仲华）

呕，是这样的！（沙雅荣）

5.10.4　呕^{4}(噢)ou^{214}/ao^{214}　表情叹词,意思和"呕^{3}"接近,不过更强烈,有人没有这个叹词。

5.10.5　呕^{5}(噢)ou^{51}/ao^{51}　表情叹词,表示领悟或醒悟。

噢！这就叫作家呀？(《相声》20页)

呕,你是拿命换出来的这些牲口！(《骆驼》28页)

呕！拉生意呀！(《传统》597页)

欧,这我才明白,您有喜事。(《相声》1页)

5.10.6　呕^{6} ou^{51}　表意叹词,表示应声(比较"土",妇女少用)。

小王！呕！

5.10.7　呕^{7}(噢)$ou^{\blacktriangledown 44}$/$ao^{\blacktriangledown 44}$　表意叹词,用来哄劝对方,特别是孩子。

呕,是喽,宝贝儿！(王国璋)

5.11　呸 pei^{55}　表情叹词,表示鄙弃。

你呀,呸！烧饼,我连个芝麻也不会给你买来！(《剧作》8页)

呸！你拿我们当作什么样的人了？(《剧作》360页)

5.12　[pf<](吸气音)　表情叹词,表示讨厌,不满。

[pf<],这事儿难办了吧！(周殿福)

5.13　嘁 qi^{11}　表情叹词,表示瞧不起。

什么不可以变,单单的变狼？嘁！(《小坡》278页)

5.14　嘶 si^{11}　表情叹词,表示瞧不起。

嘶！我说你这是卖人参哪？（《传统》237 页）

嘶，噢，你们俩勾着哇！（《传统》240 页）

5.15　嘘 shi:^{55}/xi:^{55}（长）　表意叹词，让对方不再出声。年岁大（60 岁以上）的北京人，特别是没有文化的，认为这不是北京话，但有文化的认为是北京话。

5.16　喂 wei^{55}/wai^{55}　表意叹词，招呼声，特别常用在电话中。"喂"也可以读去声 wei^{51}/wai^{51}。

喂，劳驾给找一下王新英。（《剧作》263 页）

（叫甲）喂，您这来！（《戏剧》52 页）

喂，您哪儿？（《传统》593 页）

喂，我问你点事儿，有个蛐蛐……（《传统》688 页）

5.17　咦 yi^{35}　表情叹词，表示惊讶自己怎么才想到。

父亲要打我的时候，咦，我就到水房子里住几天来！（《小坡》156 页）

表示诧异的"咦"，如"咦，人都到哪儿去了？"很多人认为不是北京话。

5.18　哟^{1}（唷）yo^{55}/yao^{55}，呦 you^{55}　表情叹词，表示由外界突然出现的情况或内心突然想起的事情而惊讶。突然性越强语音越短促，后面带喉塞[ʔ]。老太太的"哟"很长。男同志说 yao 的较少，知识妇女也不大说。

哟，一急，想起来了，是克拉玛依！（《剧作》182 页）

哟，大娘您没上街呀？（《相声》71 页）

吆吆吆！过辙啦。（《传统》618 页）

老太太一瞧，三根儿："哟，这是多少钱的呀？"（《传统》237 页）

现在有的青年人表示惊讶时有用“哟喂”的。

5.19　哟[2] yo^{51}/yao^{51}，呦 you^{51}　表情叹词，表示惊悟。

唷！这会又成了天文学家啦！（《传统》624页）

5.20　啧［ts<］（吸气音）　表情叹词，表示高度赞叹，也表示高度厌恶。

这姑娘长得多俊，啧啧！（沙雅荣）

啧啧，这孩子多脏！（王国璋）

§6　“呀”

北京话有没有一个独立的，不是连读变音的“呀”，这是一个有争议的问题。书面材料不足为凭，一则很多作家不是北京人，二则即使是北京作家笔下也没准，不一定和嘴里说的相符。在我们这次调查中，多数同志的个人语言中没有独立的“呀”，对于他们来说“呀”只是“啊”的音变形式。但有少数同志的个人语言中有独立的“呀”，在同一语音环境中出现，意义对立。一般情况是：凡是有独立的语气助词“呀”的人也必然有独立的叹词“呀”，不过有独立的叹词“呀”的人不一定有独立的语气助词“呀”。我们后来的调查材料表明，有独立的叹词“呀”的虽然属少数，占40%，但绝对数量可以说相当多（请参阅本书《北京话社会调查（1981）》），而有独立的语气助词“呀”的却是极少数，并且往往只是在少数场合“啊”和“呀”对立,并没有形成全面对立。

在我们这次调查中有独立的叹词“呀”的同志是:冯世五、王国璋、沙雅荣、马国荣。他们提供的例子有:

呀,你溅了我一身!(冯世五)

呀,你还没去呢!(沙雅荣)

呀,火灭了!(王国璋)

认为语气助词“呀”不同于“啊”的主要是沙雅荣和马国荣(两人都是回族)。沙雅荣给的例子是:

他啊!(你说的是他)

他呀!(原来就是他这么个坏人!)

马国荣甚至说她和她家里的人(世世代代住牛街)也说“张三呀”(注意“三”结尾是-n)。分“啊”和“呀”的同志认为“呀”表达的感情比“啊”强烈。至于认为“总理啊总理”和“总理呀总理”在感情上不一样的人就更多了。

从总的来看,独立的“呀”(主要是叹词)在北京话中是客观存在的,但是还不普遍,并且使用频率高的主要是回族居民;汉族居民,特别是年老没有文化的汉族居民很少有独立的“呀”,这是值得注意的。

北京话的称谓系统*

§0 引言

0.1 每一种语言或方言的称谓系统都有浓厚的民族特色、地方特色和时代特色。在发生巨大的社会变革的时期，称谓系统也会随之发生急骤的变化。①

北京话的称谓系统和普通话有所不同。本文记录的是20世纪70到80年代北京汉人的称谓习惯。

0.2 称谓系统大致可以分为两类：一类是亲属称谓，一类是社交称谓。"亲属"包括同姓的"本家"和外姓的"亲戚"。亲属称谓的地方特色很浓。久居北京的外地人，社交称谓和北京人相同，但是亲属称谓仍可能保留原籍方言的特色。社交称谓的时代特色很浓，解放前后北京的社交称谓截然不同，而近年来随着社会的发展和某些制度的改革，社交称谓又在发生变化。

---

* 本文曾在1981年1月号《中国语》发表过，这次重印作了修改。

① 读者有兴趣可参考赵元任的《汉语称谓用语》，载《汉语社会语言学问题》(Aspects of Chinese Sociolinguistics, Stanford, University Press, 1976)。

§1 亲属称谓

1.0 以下用书面语作本项，后列北京话的称谓形式。称谓形式又分面称和背称两种。面称是指当面的称呼；背称是指不是当面的称呼，但不是指被称呼者一定不在场时的称呼，如向别人介绍自己的父亲，虽然父亲在场，但不是直接称呼父亲本人，而是向别人作介绍，因而是背称，不是面称。

面称最能反映方言特色，背称除了使用当地方言的语词外还经常使用书面语，如北京话背称外祖父是"姥爷"，但是也使用书面语"外祖父"，乃是"外公"。

在社交场合过去还有敬称和谦称，如称对方的父亲为"令尊"，称自己的父亲为"家父"、"家严"等等。解放以后这类称谓基本上已经不使用了，但是在大力提倡使用礼貌语言的情况下，其中某些称谓也有可能再次起用。敬称和谦称使用旧书面语，因此全国一致，没有方言差别。本文将不涉及旧式的敬称和谦称。

根据不同的亲疏关系，不同的场合，在北京使用三种不同的语体，即在亲朋之间使用家常语体，用北京话；在一般社交场合使用社交语体，用普通话；在特别隆重的场合使用正式语体或典雅语体，一般是直接用书面语。

1.1.1 父亲

面称:爸,爸爸少。

背称:爸爸,爸;父亲。

按:在文艺作品和电影中使用普通话的"爸爸",目前北京话使用得比较普遍的是单音节的"爸"。"父亲"是书面语。在北京话和书面语之间一律用分号";"隔开,以资区别。张寿康同志认为,根据他个人的了解,解放前面称父亲用"爸爸",这些人现在都起码四十岁以上了;年轻人,包括三十多岁的人,现在面称父亲用单音节的"爸";相应的背称是"我爸爸"和"我爸"。

1.1.2 母亲

面称:妈。

背称:妈,妈妈少;母亲。

按:张寿康同志说,母亲从来称单音节的"妈",背称同面称,背称称"妈妈"的是少数娇惯了的小儿女;又说,过去城内称继母或庶母为"娘"。

1.1.3 祖父

面称:爷爷。

背称:爷爷;祖父。

1.1.4 祖母

面称:奶奶。

背称:奶奶;祖母。

1.1.5 曾祖父(母)

面称:老祖(老祖奶奶)。

背称:老祖(老祖奶奶);曾祖父(母)。

按:目前四世同堂的情况已很少见,因此曾祖一辈一般不再分性别,统称"老祖儿",必要时才分性别,称曾祖母为"老祖奶奶"。汉人称外曾祖父母为"祖姥爷"、"祖姥姥",旗人有的不分内外,都称"老祖儿"、"老祖奶奶"(如徐仲华同志)。五世祖有称"老太爷"、"老老祖儿"等的,目前更不常见了。

1.1.6 外祖父

面称：姥爷。

背称：姥爷；外祖父。

按："姥"是俗写，也有径写为"老"的。

1.1.7 外祖母

面称：姥姥。

背称：姥姥；外祖母。

1.1.8 伯父

面称：大爷。

背称：大爷；伯父。

按：如果有几位伯父，除大伯父称"大爷"外，其余的按排行称"二大爷"、"三大爷"等。亲属称谓中凡有排行的都这样称呼，如"二叔"、"三婶儿"、"四弟"、"五妹"等等。排行第一的是"大"，如"大哥"、"大姐"等。排行最后的称"老"，如最小的姑姑是"老姑"，最小的叔叔是"老叔儿"，也可以说"老婶儿"、"老姨儿"、"老舅"、"老舅妈"、"老姨夫"、"老姑夫"等。以下不再一一说明。

1.1.9 伯母

面称：大妈。

背称：大妈；伯母。

按："大妈"的"妈"在面称时有重音，背称时读轻声。

1.1.10 叔父

面称：叔儿。

背称：叔儿；叔父。

按：张寿康同志说，三四十年前称"叔"为"爹"，如"二爹"、"三爹"等；称"姑"为"娘儿"，如"二娘儿"、"三娘儿"等。

1.1.11 叔母

面称：婶儿。

背称：婶儿；婶母。

1.1.12 姑母

面称：姑姑，姑妈（二姑、三姑等）。

背称：姑姑，姑妈；姑母。

按：单独一个姑姑称“姑姑”，已婚的称“姑妈”，过去也有称“娘儿”的。一般都有排行，称“二姑”、“三姑”等。少数人称未婚的姑姑为“姑爸”，已婚后称“姑妈”。已婚女子回娘家时尊称为“姑奶奶”。凡重叠双音节的称谓加排行时都省去一个音节，如“姑姑”加“二”成为“二姑”，“弟弟”加“三”称“三弟”等，以下不再一一加注。

1.1.13 姑夫（父）

面称：姑夫。

背称：同面称。

按：“夫（父）”轻声。

1.1.14 舅父

面称：舅舅。

背称：同面称；舅父。

1.1.15 舅母

面称：舅妈。

背称：舅妈（轻声）；舅母。

1.1.16 姨母

面称：姨儿。

背称：同面称；姨母。

1.1.17 姨夫（父）

面称同背称：姨夫（父）。

1.1.18 哥哥

面称同背称：哥哥，哥（或大哥、二哥等），称名。

按:现在的年轻人大多用单音节的"哥"或称名。

1.1.19 嫂子

面称同背称:嫂子。

1.1.20 姐姐

面称同背称:姐姐,姐。

1.1.21 姐夫

面称同背称:姐夫。

1.1.22 弟弟

面称同背称:称名,称"老几"(老二、老三等),兄弟,弟弟。

按:新派称"弟弟",老派称"兄弟",老派嫂称弟用排行加"兄弟",如"二兄弟"、"三兄弟"等。

1.1.23 弟妇

面称:妹妹,弟妹。

背称:弟妹,兄弟媳妇。

1.1.24 妹妹

面称同背称:称名,妹妹。

按:现在的年轻人背称也常用单音节的"妹"、"我妹"。

1.1.25 妹夫

面称同背称:妹夫儿。

1.1.26 儿子

面称:称名。

背称:〔老派〕儿子,小子少,大孩子、二孩子等;〔新派〕儿子,孩子。

按:称名一般称小名,儿化,但也有称学名的。背称老派也有称"学生"的。面称和背称新派、老派也有称"老儿"的。

1.1.27 儿妇

面称:称名,姑娘。

背称:儿媳妇儿。

女子在夫家对夫家亲属面称随丈夫。

女子背称丈夫的父亲为“公公”,母亲为“婆婆”;背称丈夫的哥哥为“大伯(bǎi)子”,弟弟为“小叔子”,姐姐为“大姑子”,妹妹为“小姑子”。

1.1.28 女儿

面称:称名或径称“丫头”、“姑娘”。

背称:〔老派〕闺女;丫头;〔新派〕闺女;女儿。

1.1.29 女婿

面称:称名;姑爷(敬称)。

背称:姑爷;女婿。

男子在妻家对妻家亲属面称随妻子。

男子背称妻子的父亲为“老丈人;岳父”,母亲为“丈母娘;岳母”;背称妻子的哥哥为“大舅子”,弟弟为“小舅子”,姐姐为“大姨子”,妹妹为“小姨子”。

1.1.30 侄儿

面称:称名。

背称:侄儿;侄子。

女子背称娘家侄儿为“内侄”。

1.1.31 侄妇

面称同儿妇。

背称：侄儿媳妇儿。

其余晚辈媳妇背称仿此。

1.1.32 侄女

面称同女儿。

背称：侄女儿。

1.1.33 外甥

面称同侄儿。

背称：外甥。

1.1.34 （外）孙子

面称：称名，称小名。

背称：（外）孙子。

1.1.35 （外）孙女

面称：称名，称小名。

背称：（外）孙女儿。

1.1.36 夫妻互称

面称：〔老派〕尽可能不用面称，用“欸！”等叹词或“孩子他爸（妈）”等代用语称呼；〔新派〕称名，称姓名，称老张、小李等。

背称：〔老派〕“孩子他爸（妈）”，“我们那口子”等代用语；老伴儿，老头儿；〔新派〕爱人；老伴儿；老头儿。

§2 社交称谓

2.0 在社交活动中由于人和人之间的关系不同，交际对象不同，亲疏不同，社交场合不同，使用不同的称谓。社交活动可以大别为三类:一类是家常社交活动,也就是在关系比较亲近的熟人之间,如在邻里、战友、同事、同学、近友之间的社交活动;一类是事务性或一般的社交活动,也就是因某种事务在不很熟悉、初次见面的人之间的社交活动;一类是比较隆重的社交场合,也就是在会议、宴会、典礼等隆重场合的社交活动。

2.1　家常社交称谓

在关系密切的邻里、战友、同事、同学、近友的家庭成员之间往往互相使用亲属称谓。越是全面系统地使用亲属称谓,越显得"亲如一家"。在男性长辈中分出"大爷"、"叔叔",甚至分出不同排行,这就和本家人没有区别了,这是最亲近的称谓方式。

老派的社交活动范围比较窄,限于亲友之间,因此尽可能采用亲属称谓。新派的社交活动范围比较广泛,较少使用亲属称谓,更多地使用家常社交称谓。

家常社交称谓可以分通称和敬称两种形式。

2.1.1　通称

(1)当事人之间

a. 称名。

b. 称姓名。

c. 称老张、小李等。

d. 称职务,如张老师,李师傅等。

从 a 到 d 依次从亲到疏。年轻人中间也有称“小×儿(×取名字中后一字为常)”的，如“小柱儿”、“小娟儿”，那是一种昵称。恋人之间在书面有单称名字中的一个字(以后一字为常)的，但在口语中少见。似乎有一条不成文法，称呼用的“字”越少就越显得亲密。

“老张”、“小李”的“老”和“小”都是相对的，可以有五十岁的“小董”，二十岁的“老张”，要看使用这一称呼的人的相对年龄。对同一年龄的人用“小”表示亲切，用“老”表示一定程度的尊敬。对妇女一般不宜称“老”。

(2) 晚辈对长辈

a. 长一辈

男：〔老派〕大爷，叔叔(根据对方的不同年龄来选择)；〔新派〕叔叔。

女：〔新派〕阿姨。

“叔叔”是解放后流行起来的一种社交称谓，可能起源于“解放军叔叔”。这是一个不太妥善的称谓。让孩子称比自己年龄大的人为“叔叔”，这实际上是不礼貌的。在南方流行的是“伯伯”(也不论年龄，“伯伯”可以比父亲年纪小)，这比较礼貌。北京老派分“大爷”和“叔叔”最为妥善。

b. 长两辈

男：爷爷，老爷爷。

女：奶奶，老奶奶。

“爷爷”和“老爷爷”，“奶奶”和“老奶奶”不完全是年龄差别，而有亲疏之分，用“老”字的比较疏远。

(3)长辈对晚辈

a. 称名。

b. 称姓名，称名。

(4) 称呼对方配偶

a. 称姓名。

b. 称职务，如张老师，李师傅等。

c. 〔老派〕大嫂。

2.1.2 敬称

(1) 对工人的敬称

a. 某师傅。

b. 某头儿。

称授业的师父一般不带姓，直称“师傅”。

(2) 对干部的敬称

a. 某某某同志。

b. 称职衔，如张科长，李主任等。

“某某某同志”和“某同志”不同。“某同志”限于称呼不熟悉的人(往往不知道对方的名字)，“某某某同志”在这里是称呼熟悉的人，加“同志”是表示尊敬，表示不直呼其名。除此以外还有“某某(名)同志”这种称呼，表示亲切和同志友谊；长者用这种称呼来称呼晚辈是表示既亲切又礼貌。

本单位的下级称呼上级用职衔时可以不带姓。称职衔在熟悉的人中间不宜提倡。

(3) 对知识分子的敬称

a. 某某某同志。

b. 称职务，如张老师，李大夫等。

c. 某先生。

“先生”在解放初期是对民主人士、旧学校教师的敬称，在革命队伍内部不是一种敬称。近年来，“先生”正逐步成为知识界，特别是学术界的一种敬称（无性别区分）。

学生称呼授业老师时可以不带姓，直呼“老师”。

实行职称制度后，社交称谓可能会发生一些变化。就目前而言，称职称的限于工程技术人员，如“张工程师”，“张总（工程师）”，“李技术员”。“教授”等职称还极少用作称谓（在写初稿时情况如此，现在已经用得很多了）。

(4) 对长者的敬称

a. 某老（取姓或取名字中的第一字）。

b. 某某老（取姓和名字中的第一字）。

例如称呼叶圣陶老先生，可以是“叶老”、“圣老”，“叶圣老”。后两种称呼除表示尊敬外还表示亲切。

在知识界也有称“公”的，如“张公”、“李公”等。“公”可以用来称呼同辈中较年长的人或中年人。

2.2 一般社交称谓

在外出处理一般事务或在公共场合和人交往时使用一般社交称谓。

2.2.1　事务交际称谓

a. 同志,师傅,大夫等。

b. 某同志,某师傅,某大夫等。

c. 某科长,某厂长等。

这部分称谓是最乱的。解放初期一律称"同志",目前相当多的青年人不用"同志",改用"师傅"等。

2.2.2　公共场合和路途相遇时的称谓

a. 同志,师傅等。

b. 大爷;老大爷;大妈;老奶奶。

c. 小朋友,同学(对中小学学生年龄的人),学生。

用"欸"、"嗨"等表示呼唤的叹词来招呼不相识的人是最不礼貌的。

2.3　正式社交称谓

在比较隆重的交际场合使用正式社交称谓。

a. 某某某同志。

b. 某大夫,某师傅等。

c. 某科长,某书记等。

d. 某先生。

e. 某老(一般限知名人士)。

在这类场合一律用敬称。

北京话的新的社交称谓系统目前还不很稳定,也还有一些缺漏的环节,正处在一个不断完善化的过程中。

附:从 1985 年开始,有人用“某老师”来称呼文艺界的人,虽然有关的同志并不是教师,如称姓张的播音员为“张老师”,称姓李的演员为“李老师”。这是一种新的称谓方式,值得注意,原因恐怕是因为这一类人没有适当的称谓,所以借用“老师”。

北京话形容词的再分类*

§0 引言

0.1 北京话形容词在内部并不是一致的，可以根据不同的构词形态和句法功能加以再分类。

0.2 本文的北京话指的是老北京话，也就是祖居北京的老北京人的话。我们依据的尽可能是老北京人的一般用法，避免过“土”和过“新”的说法。但是老北京人的话也并不是完全一致的，并且北京话并没有任何法定的“规范”，因此也会有出入，特别是40岁以下的中青年人受书面语和普通话的影响相当大，和老年人的语言习惯更不一致。我们这次在搜集资料的过程中先后请教了以下八位同志：

曹继周	40岁	干部	祖居德胜门
齐　健	28岁	工人	祖居日坛
徐洪达	30岁	教师	祖居东四

* 本文是在第十五届国际汉藏语言学会议上提交的论文，这次发表时作了较大的修改。

沙雅荣(女)	47岁	教师	祖居牛街
张书彭(女)	36岁	工人	祖居牛街
叶君远	35岁	研究生	祖居朝内
韩　杰(女)	21岁	工人	祖居天桥
焦贵珍(女)	73岁	家庭妇女	祖居天桥

全部资料最后请徐仲华同志(满族,63岁,祖居后门火神庙,后迁居东四北)、张寿康同志(汉族,59岁,祖居和平门)参照他们的个人习惯核定,在他们两位有分歧时,以张寿康同志的习惯为准。

0.3　本文分析了四百个北京话的常用形容词的构词形态和句法功能,据此对这些形容词进行再分类。至于重叠以后或附加情态词缀以后的形式的性质及其句法功能原则上不在本文讨论之列。例如,我们一般只分析“红”属于形容词的哪一个小类,但是不分析“红扑扑”、“红不拉即”等等的词性和句法功能;不过在个别场合也可能对这类派生形式的词性和句法功能有适当的论述。

0.4　《现代汉语八百词》(吕叔湘主编,商务印书馆,1980年)附有《形容词生动形式表》,并说明“表二所收以北京口语为主”,但是我们核对后认为实际上还是以书面语和普通话为主,如表二所列“红”的六种生动形式,除“红扑扑”、“红通通”肯定是北京话以外,“红乎乎”可疑,因为年轻的老北京人有的这样说,年老的多数不说。至于“红光光”、“红彤彤”、“红艳艳”,我们调查的老北京人一致认为是书面语,口语中不用。

至于表一、表三和我们的资料出入更大。因此我们没有利用这部分材料。

我们也没有采用“形容词生动形式”这一说法，因为形容词加情态词缀后大多表示说话人主观的感情，而不全是为了使形容词生动化。

0.5　我们还没有找到一种好办法来区分形容词和不及物动词。因此，我们搜集的形容词中间可能有个别形容词实际上是不及物动词。不过这部分冒充的形容词数量不会太多，不至于影响再分类的格局。

0.6　不少语法书把“碧绿碧绿”、“冰凉冰凉”、“雪白雪白”等看作双音节形容词的一种重叠形式，从而认为双音节形容词有两种不同的重叠形式，一种是 AABB，一种是 ABAB。我们认为“碧绿碧绿”等等实际上是句法上的重复，不是形容词的重叠形式。理由有三：

(1)“碧绿碧绿”有两个重音，都落在“碧”字上，两个“碧绿”中间有隔歇，这和一般句法重复的格式完全一致，如“特棒特棒”、“挺好挺好”、“非常精彩非常精彩”。双音节形容词的重叠形式的重音一般落在后两个变阴平的音节上，如“老老实实”(— —/ /)等，从来没有“/—/—”这种重音格式。

(2)双音节形容词重叠后大都可以“儿化”，如“大大方方儿的”、“黏黏乎乎儿的”等；但是“碧绿碧绿”等不能“儿化”。

(3)双音节形容词重叠后表示某种情态或生动化，而“碧绿碧绿”等和其他句法重复格式一样表示强调。

因此，我们认为双音节形容词只有一种重叠格式，即AABB。

§1 北京话形容词按构词形态的再分类

1.1 能重叠和不能重叠的形容词

“能重叠”在这里指的是在口语中能随时根据需要活用的重叠格式，如“大”和“快”等形容词可以随时根据需要重叠成“大大的”、“大大儿的”、“快快儿”、“快快儿的”等。在北京话口语中不能随便重叠，但是在书面语和普通话中可以重叠，或者在成语、熟语一类的固定短语中出现重叠形式的，在这里都不认为是“能重叠”的，如“草草了事”、“好好商量”、“活活打死”、“早早出发”、“齐齐全全”、“正正当当”、“小小不言”等。有关的形容词在北京话口语中或者根本不能重叠，如“草”、“齐全”等，或者重叠后必须“儿化”，如“早”、“小”等。所以，只在书面语和普通话中出现的重叠形式，以及只在成语、熟语等固定短语中出现的重叠形式都不能据以确定有关的形容词是“能重叠”的。一句话，一概以北京话口语中的活用的重叠形式为准。

1.1.1 能重叠的形容词

(1)能重叠的单音节形容词

a. AA的

扁,瘪,长,粗,大,呆,多,肥,高,鼓,黑,红,厚,灰,尖,空(阴平)①,绿,密,难,齐,软,死,素,甜,弯,稀,细,鲜,咸,斜,圆,真等。

按:(1)北京话口语中没有AA这一重叠格式,如"高高挂起"、"慢慢吃"等是书面语和普通话的用法。不过,这种用法已经在中青年人中间逐步推广开来了。(2)由于个人习惯的差异,哪些形容词能重叠,哪些形容词不能重叠,只能大致如此,不能绝对化,下文关于形容词能不能带情态词尾,能不能用作定语、状语等等也一样。(3)本项的形容词大多能儿化,即同c项"$A\bar{A}$儿的",但"鲜"、"绿"、"紫"儿化形式不多见。

b. $A\bar{A}$儿②

好,快,慢,少,晚,早等。

按:"$A\bar{A}$儿"只用作状语,并且多见于祈使句,如"赶明儿你早早儿来,晚晚儿走,咱们痛痛快快儿地聊上一天"。

c. $A\bar{A}$儿的

矮,白,棒,薄,扁,糙,长,沉,冲,稠,臭,脆,大,淡,毒,短,多,乏,方,肥,粉,干,高,鼓,乖,光,贵,顸,好,狠,横(去声),厚,滑,黄,浑,活,尖,贱,娇,焦,紧,近,倔,俊,空(阴平),快,宽,阔,辣,蓝,懒,烂,凉,亮,乱,满,慢,美,密,难,嫩,蔫儿,黏,暖,胖,泡,平,齐,浅,青,清,轻,全,热,软,少(上声),生,瘦,松,酥,酸,碎,烫,甜,弯,晚,旺,稳,稀,细,鲜,咸,香,小,新,严,酽,硬,圆,远,匀,早,真,壮,准,足等。

---

① 像"空"、"横"、"少"这样的形容词,声调不同,意义不同,因此有必要随文注明声调;有些北京话的形容词单凭汉字形式外地人不容易理解是什么意思,请参看附录中的注解,不一一加注。

② 大写字母上面的横杠表示有关的音节读阴平调。

(2)能重叠的双音节形容词

a. AABB(的)

安稳,本分,别扭,端正,富态,富裕,干巴,干脆,恭敬,孤单,规矩,简单,娇嫩,客气,阔气,邋遢,牢靠,肋腻,利索,伶俐,零碎,腼腆,腻味,平安,平常,平稳,破烂,朴实,奇怪,齐整,实在,舒服,随便,体面,委屈,窝囊,兀秃,细致,详细,邪乎,辛苦,秀气,扎实,仔细,自在等。

按:BB 近轻声,重音在 AA 上。

b. AA$\bar{B}\bar{B}$(的)

别扭,高兴,规矩,含糊,和气,厚道,糊涂,简单,客气,阔气,乱哄,啰唆,马虎,毛糙,腼腆,模糊,疲塌,朴实,舒服,体面,窝囊,兀秃,邪乎,秀气,扎实等。

c. AA$\bar{B}\bar{B}_{儿}$(的)

磁实,大方,地道,厚道,干巴,干净,恭敬,光溜,规矩,含糊,和气,厚实,滑溜,机灵,简单,结实,精神,客气,宽绰,厉害,利落,利索,亮堂,乱哄,啰唆,麻利,迷糊,明白,黏乎,暖和,皮实,疲塌,漂亮,平安,平常,普通,清楚,清静,清亮,软乎,舒服,水灵,顺当,踏实,痛快,妥当,稳当,细致,消停,絮叨,悬乎,严实,硬朗,扎实,直溜等。

d. AA$\bar{B}_{儿}$ $\bar{B}_{儿}$(的)

按:属 c 项(AA$\bar{B}\bar{B}_{儿}$)的形容词大多同时有 d 项(AA$\bar{B}_{儿}$ $\bar{B}_{儿}$)的形式。以上 c 项形容词中只有“干巴”、“宽绰”、“疲塌”三个没有 d 项形式。

1.1.2 不能重叠的形容词

(1) 不能重叠的单音节形容词

暴,背(重听),背(僻静),笨,惨,草,差,馋,潮,陈,丑,蠢,次,矬,错,刁,抖,陡,逗,对,烦,疯,浮,怪,诡,早,横(阳平),坏,荤,浑,急,假,精,旧,糠,空(去声),抠,苦,侉,狂,老,累,冷,愣,聋,忙,闷,猛,面,妙,木,囊,能,腻,拧,牛,贫,泼,破,巧,俏,亲,晴,穷,朽,骚,臊,涩,傻,膻,少(去声),深,神,湿,实,熟,帅,俗,通,透,秃,土,歪,闲,险,邪,腥,虚,悬,哑,洋,野,阴,油,冤,杂,脏,糟,贼,正,直,皱,紫。

(2) 不能重叠的双音节形容词

安分,傲气,霸道,背静,憋气,称心,单薄,得意,多心,恶心,方便,疙瘩,公平,古板,古怪,贵重,寒碜,好吃,好看,好听,狠心,花梢,吉利,娇气,矫情,近乎,精明,开通,可怜,可惜,刻薄,浪荡,灵活,灵通,麻烦,闷热,难看,难受,能耐,腻烦,年轻,便宜,泼辣,齐全,齐心,勤谨,勤快,轻巧,清闲,容易,伤心,少相,神气,时兴,势利,瘦小,顺手,顺心,俗气,随和,贪心,淘气,讨厌,温和,稳重,稀罕,希奇,细腻,细心,显眼,现成,小气,孝顺,新鲜,要紧,硬实,圆滑,匀称,运气,糟糕,真心,正当,正派,周到。

1.2 能带情态词缀和不能带情态词缀的形容词

"能带情态词缀的形容词"在这里指的是在北京话口语中能自由附加情态词缀的形容词,如"白"可以加"花花"成为"白花花","苦"可以加"不即"成为"苦不即","酸"可以加"勒巴即"成为"酸勒巴即"等等,但是不包括能带情态词缀的名词和动词,如"水汪汪"、"火辣辣"、"笑眯眯"中的"水"、"火"、"笑"等等,也不包括在书面语、普通话和其他方言中能带情态词缀的形容词,如"新崭崭"、"急冲冲"、"亲嫡嫡"中的"新"、"急"、"亲"等等。"情态词缀"在这里指的是附加在形容词(也可以是名词、动词)后面,表示一定的情态意义而本身没有意义的音节，不包括一些类似情态词缀而本身有词汇意义的音节，如“乱七八糟”、“小巧玲珑”中的“七八”、“玲珑”等等。

1.2.1　能带情态词缀的形容词

(1)能带情态词缀的单音节形容词

a. -$\overline{X}\overline{X}$(的)

白花花　潮乎乎　臭烘烘　毒花花　短厥厥　黑乎乎　黑黢黢　红通通　娇滴滴　紧巴巴　紧梆梆　懒洋洋　冷冰冰　冷飕飕　亮堂堂　乱哄哄　乱糟糟　黏乎乎　暖烘烘　胖乎乎　软绵绵　湿乎乎　硬梆梆　油乎乎

b. -$\overline{XX}$儿(的)

潮乎乎儿　沉甸甸儿　稠乎乎儿　光溜溜儿　黑油油儿　红扑扑儿　活生生儿　慢腾腾儿　面乎乎儿　黏乎乎儿　胖乎乎儿　轻飘飘儿　软乎乎儿　硬梆梆儿　油乎乎儿　油汪汪儿　圆乎乎儿

c. -$\overline{X}$儿$\overline{X}$儿(的)

潮乎儿乎儿　辣丝儿丝儿　蓝汪儿汪儿　凉丝儿丝儿　凉飕儿飕儿　绿英儿英儿　绿油儿油儿　慢悠儿悠儿　美滋儿滋儿　面乎儿乎儿　蔫儿乎儿乎儿　黏乎儿乎儿　胖乎儿乎儿　热乎儿乎儿　傻乎儿乎儿　酸滋儿滋儿　甜丝儿丝儿　甜滋儿滋儿　稀溜儿溜儿　硬梆儿梆儿　油乎儿乎儿　油汪儿汪儿　圆乎儿乎儿　圆溜儿溜儿

按：-$\overline{XX}$儿和-$\overline{X}$儿$\overline{X}$儿在意义上没有明显区别，在语音上不稳定，用这用那大多都可以。

d. -X$\overline{Y}$(的)

(a) -不即(-·bujī)(的)

馋，潮，沉，稠，臭，蠢，脆，矬，呆，乏，烦，粉，干，黑，横(去声)，红，滑，黄，荤，贱，焦，倔，糠，苦，侉，狂，辣，烂，愣，凉，亮，绿，慢，美，面，木，嫩，焉儿，贫，浅，青，软，臊，涩，膻，生，酸，烫，甜，秃，咸，香，邪，腥，油，糟，紫等。

(b) -不即儿(-·bujīr)(的)

馋，潮，沉，稠，臭，蠢，脆，矬，粉，黑，红，滑，黄，灰，荤，贱，焦，苦，侉，辣，懒，烂，累，愣，凉，亮，绿，慢，美，面，木，嫩，焉儿，贫，浅，青，软，臊，涩，膻，生，酥，酸，甜，土，弯，稀，咸，香，邪，腥，油，糟，紫，兀秃等。

按："-不即"和"-不即儿"往往成对，都表示"有那么一点儿"；一般说来，"-不即"表示不喜欢这种性质，"-不即儿"表示喜欢这种性质，如"酸不即的，多难吃！""酸不即儿的，挺好吃！"

(c) -不搭(-·budā)(的)

蔫儿，软，臊，涩，膻，秃等。

(d) -不拉(-·bulā)(的)

馋，苦，蔫儿，涩，酸，咸等。

(e) -不索(-·busuō)(的)

辣，甜，咸等。

(f) -不滋儿(-·buzēr)(的)

苦，美，酸，甜，咸等。

(g)-得乎(-·dehū)(的)

潮，沉，黑，赖，咸等。

(h) -得乎儿(-·dehūr)(的)

稠，浑，辣，美，面，酸，甜，稀等。

(i) -古丁(-·gudīng)(的)

猛。

(j) -古拽(-·guzhuāi)(的)

腻,黏。

e. -XȲȲ(的)

(a) -不即即(-·bujījī)(的)

黑,黄,灰,贱,涩,傻等。

(b) -不索索(-·busuōsuō)(的)

辣,甜,咸等。

(c) -鼓囊囊(-·gunāngnāng)(的)

软。

f. -XȲZ(的)

(a) -不出溜(-·buchūliū/·buchīliū)(的)

光,滑,蔫儿,黏等。

(b) -不出溜儿(-·buchūliūr/·buchīliūr)(的)

光,滑等。

(c) -不呲裂(-·bucīliē)(的)

白,干,黄,灰,浅,甜,咸等。

(d) -不拉叉(-·bulāchā)(的)

白,干,黄,灰,浅,腥等。

按:有人用"-不来猜"(-·bulāicāi)。

(e) -不拉即(-·bulāijī)(的)

矮,白,笨,扁,瘪,糙,馋,长,潮,沉,稠,丑,臭,蠢,粗,脆,矬,呆,淡,短,乏,烦,肥,粉,疯,干,鼓,光,诡,顸,黑,横(去声),红,厚,滑,黄,灰,荤,浑,假,尖,贱,娇,紧,旧,倔,糠,空(阴平),抠,苦，侉，宽，狂，阔，辣，蓝，懒，烂，老，累，愣，凉，聋，绿，乱，满，慢，忙，闷，密，木，囊，腻，蔫儿，黏，拧，胖，贫，破，青，穷，朽，热，软，臊，涩，傻，膻，深，神，生，湿，瘦，死，松，俗，素，酸，碎，烫，甜，秃，土，歪，弯，稀，细，闲，咸，险，小，斜，邪，腥，悬，哑，洋，野，阴，硬，油，圆，远，脏，糟，贼，皱，紫等。

(f) -不即嘹(-・bujīliāo)(的)

黑，黄，苦等。

按："-不即嘹"在某些人的习惯用法中近似"-不即"，使用范围相当广。

(g) -不即溜(-・bujīliū)(的)

滑等。

(h) -不棱(伦)登(-・bulēndēn/・bulūndēn)(的)

黄，苦，胖，傻，瘦，酸，圆，直等。

(i) -不溜丢(-・buliūdiū)(的)

黑，滑，黄，酸，紫等。

按：个别人用"-古溜丢"(-・guliūdiū)。

(j) -不溜秋(-・buliūqiū)(的)

黑，酸，圆，脏，贼等。

(k) -勒(拉)巴赤(-・lebāchī/・labāchī)(的)

黑，红，黄，愣，酸等。

(l) -勒(拉)巴哄(-・lebāhōng/・labāhōng)(的)

臭。

(m) -勒(拉)巴即(-・lebājī/・labājī)(的)

同"-不拉即"。

按："-勒(拉)巴即"和"-不拉即"在意义和使用范围方面都没有明显区别。

(n) -勒古即(-·legūjī)(的)

白,笨,扁,潮,稠,蠢,干,黑,滑,黄,灰,浑,假,尖,贱,倔,糠,空(阴平),苦,蓝,烂,愣,黏,胖,青,热,傻,膻,神,生,俗,碎,烫,秃,土,弯,咸,悬,脏,糟,贼等。

(o) -勒古秋(-·legūqiū)(的)

圆。

(p) -勒(拉)瓜即(-·leguājī/·laguājī)(的)

白,笨,稠,浮,黑,滑,黄,灰,空(阴平),苦,烂,愣,腻,蔫儿,黏,青,涩,傻,膻,瘦,松,碎,烫,甜,秃,土,细,咸,腥,悬,阴,油,脏,糟,紫等。

(q) -勒光当(-·leguāngdāng)(的)

穷,稀等。

按:个别人用"-勒光汤"(-·leguāngtāng)。

(r) -古棱(伦)登(-·gulēndēn/·gulūndēn)(的)

圆。

(s) -古令丁(-·gulīngdīng)(的)

猛,瘦,秃等。

(t) -古溜秋 (-·guliūqiū)(的)

黑,圆,贼等。

(u) -古龙东(-·gulōngdōng)(的)

黑,深,圆等。

(v) -滞姑乃(-·zhigūnāi)(的)

油。

(2) 能带情态词缀的双音节形容词

a. $-\overline{XY}$(的)

(a) -巴拉(-bālā)(的)

恶心,小气等。

(b) -巴焦(-bājiāo)(的)

老实。

b. $-\overline{XY}-$(的)

(a) A勒(拉)巴B(A・lebā$\bar{B}$)(的)

恶心,兀秃,正经等。

(b) A里巴B(A・libā$\bar{B}$)(的)

糊涂,啰唆等。

(c) A里胡B(A・lihū$\bar{B}$)(的)

花梢。

按:也有人读 huā・lihúshāo。

c. A里AB(的)

傲气,疙瘩,糊涂,娇气,邋遢,肋腻,啰唆,马虎,毛糙,迷糊,模糊,窝囊,小气等。

d. XYAB

稀里糊涂。

1.2.2　不能带情态词缀的形容词

(1)不能带情态词缀的单音节形容词

棒,暴,背(重听),背(僻静),惨,草,差,陈,冲,次,错,大,刁,抖,陡,逗,对,多,方,浮,高,乖,怪,贵,旱,好,狠,横(阳平),坏,急,近,精,俊,空(去声),快,妙,难,能,牛,泡,平,泼,齐,巧,俏,亲，清，晴，全，骚，少（上声），少（去声），实，熟，帅，通，透，晚，旺，稳，鲜，新，虚，严，酽，冤，匀，杂，早，真，正，壮，准，足。

按：表示品质的形容词。如果语言环境许可，大多可以带情态词缀，所以不能绝对化。这里说不能带情态词缀的只是说在一般情况下很少带情态词缀。

(2) 不能带情态词缀的双音节形容词

除上文§1.2.1(2)中所列举的19个双音节形容词以外，其余的双音节形容词一般不能带情态词缀。

§2 北京话形容词按句法功能的再分类

2.1 形容词用作谓语

北京话口语中常用的形容词几乎全都能用作谓语。有些形容词，如“陈”、“横（阳平）”、“空（去声）”、“囊”、“少（去声）”、“真”等用作谓语的机会比较少，但是也不是绝对不能用作谓语，如：

酒陈了好喝。
横了比竖了好看。
这个胡同太空。
这东西真了假不了。
囊了不好吃。

非谓形容词是书面语和普通话的现象。

2.2 形容词用作定语

形容词用作定语同样也只限于北京话的口语用例，并且不包括加“的”以后的用法。例如“多”出现在书面语“多边形”

中用作定语，加“的”后也能用作定语，如“很多的人”，但不能直接用作定语。在汉语中，词和短语的界限是不那么明确的，像“黏糕”、“油嘴”这样的语言片断算是词呢还是短语可以见仁见智，这就牵涉到“黏”和“油”（油滑）能不能用作定语的问题。如果认为“黏糕”和“油嘴”是短语，那么这两个形容词就得说能用作定语。如果认为“黏糕”和“油嘴”不是短语而是词，又如果没有其他用作定语的用例，那么这两个形容词就可以认为不能用作定语。为了避免在这个问题上引起纠葛，我们宁可从活用和非活用的角度来考虑。“绿”可以活用，可以说“绿草”、“绿衣裳”、“绿颜色”、“绿漆”、“绿地毯”等等，因此“绿”可以认为能用作定语。“黏”和“油”不能活用，不能说“黏饼”、“黏点心”、“油人”、“油话”等等，所以可以认为“黏”和“油”不能用作定语。

北京话形容词大多数可以直接用作定语，一般只有少数不能用作定语。这部分形容词如下。

(1)不能直接用作定语的单音节形容词

背（重听），草，差，沉，次，逗，对，多，浮，滑，抠，累，密，木，囊，腻，黏，齐，轻，少（上声），少（去声），松，烫，通，透，险，严，阴，油，匀。

(2) 不能直接用作定语的双音节形容词

孤单，光溜，含糊，厚实，滑溜，近乎，可惜，模糊，平安，平稳，奇怪，齐全，齐心，齐整，清楚，软乎，随便，稳重，细腻，显眼，详细，匀称，运气，扎实，周到。

2.3 形容词用作状语

形容词能不能用作状语也只是就口语中的活用情况而言。一般来说，表示时间、数量、方式等等的形容词可以同时用作状语，而表示品质的形容词从语义上来看不适合用作状语，因此一旦用作状语，或者是语义会发生变化，或者是组合的性质会发生变化。这是语义关系和语法形式之间的矛盾的结果。当然，不少形容词是多义词，用作状语时原则上可以选择其中任何一个义项，这种情况说明不了语义的变化。但是，如果一个多义的品质形容词用作状语时的意义不同于这个品质形容词的任何一个表示品质的义项，而随所修饰的动词的语义而产生某种相适应的表示情状或方式的意义，那么就可以认为这是由于用作状语而发生的语义上的变化，不管词典的注释中收录不收录这一义项。例如，“大”在《现代汉语词典》中有9个义项，除用作“姓氏”的“大”以外，还有8个义项，分别是：①在体积、面积、数量、力量、强度等方面超过所比较的对象；②大小；③程度深；④用于“不”后，表示程度浅或次数少；⑤排行第一的；⑥年轻大的人；⑦敬辞，称与对方有关的事物；⑧用在时令或节日前，表示强调。其中①②⑤⑥⑦表示品质，有本义，有转义；④是特殊用法，实际上解释的是“不大”而不是“大”；③是状语的用法，表示“程度深”，已不再表示品质。至于“大吃”中的“大”表示“放开肚子(吃)”或“多多地(吃)”，“大哭”中的“大”表示“放声(哭)”，“长时间地(哭)”等等，《现代汉语词典》都没有收，也不必收，因为这些是由上下文决定的临时的语义上的变化。品质形容词的某些非品质的意义如果使用频繁，词典也可以加以收录，但是仍然限于某种用法，并且这些非品质的意义也不会出现在定语的用例中。

(1) 用作状语意义不变的形容词

a. 在语义上形容词修饰动词

(a) 表示时间的形容词

早，晚。

(b) 表示距离的形容词

远，近。

(c) 表示范围的形容词

齐，全。

(d) 表示数量的形容词

多，少。

(e) 表示方式的形容词

横(héng)，恶，斜，直，干脆，简单，齐心，顺手，随便，详细。

以上各小类可以认为是兼类的形容词和副词或认为是形容词和副词同音同义，只是词性不同。

b. 在语义上形容词不修饰动词而修饰和动词有关的名词

这一类是品质形容词。

错(怪)，高(升)，贱(卖)，娇(养)，凉(拌)，满(打满算)，深

(埋),小(看)等。

(2)用作状语意义有不同程度变化的形容词

a. 在语义上形容词修饰动词

笨(干),长(住),粗(看),大(吃),呆(坐),毒(打),短(住),怪(叫),狠(揍),浑(说),活(受罪),紧(赶),空(说),苦(笑),愣(干),乱(说),满(不在乎),闷(坐),巧(干),轻(放),软(磨),傻(笑),神(聊),实(干),死(盯着),稳(拿),细(想),新(买),硬(泡),杂(凑),真(吃),准(来),足(吃),老实(说),真心(请你)。

b. 形容词和动词之间的关系不是一般修饰关系,而接近助动词和动词之间的关系,如"容易办"等于"办起来容易"。

好,难,容易。

(3)用作状语意义完全改变。这一类可以认为用作状语的是和形容词同音异义的副词。

白(干),干(着急),光(说),老(闹),瞎(说),正(吃饭),平常(六点起床)。

"多好啊"中的"多"等于"多么",不过老北京人大多读阳平,和读阴平的形容词"多"就由于语义的分化而分化了。

§3　小结

3.1　语法书上都说形容词可以重叠,有的说"一般"可以重叠,有的说"有些"可以重叠。

就北京话形容词而言,在我们这次分析的 400 个形容词中：

能重叠的单音节形容词	115 个，	占(115/218)52.7%
能重叠的双音节形容词	98 个，	占(98/182)53.8%
能重叠的全部形容词	213 个，	占(213/400)53.2%

这是北京话的情况，半数形容词可以重叠。普通话和书面语中的形容词可以重叠的百分比要小得多。据李大忠同志《不能重叠的双音节形容词》(《语法研究和探索》第 2 辑，北京大学出版社，1984 年，207—223 页)一文的初步统计，1738 个双音节形容词中不能重叠的共 1438 个，能重叠的只有 300 个，占 17.2%。因此，就普通话和书面语而言，只能说“少数”形容词可以重叠。泛泛而言“形容词可以重叠”是不符合实际情况的。

形容词的重叠究竟表示什么附加意义，各家意见不尽一致，但一般认为是“强调”或“加重”。就“AA 的”这种重叠式来说是基本正确的。小孩儿吃东西总是要“多多的”，“大大的”，这说明的确表示“强调”或“加重”。但是从其他重叠格式来看就不一定如此。“早早儿来”倒是强调要“早”，可是“慢慢儿吃”未必要强调“慢”，只是在这种场合既不能用“慢”，也不能用“慢慢”，只能用“慢慢儿”。“儿化”似乎有使形容词重叠式转为“副词”的作用。“矮矮儿的”未必比“矮的”更“矮”，而只是让人联想到“矮”的具体形象。“胖胖儿的”、“细细儿的”等等不同于没重叠不儿化的单个儿形容词的地方似乎也在使人和具体的形象联系起来。这似乎说不上什么“强调”、“加重”或“弱化”，倒很像是“具体化”，“生动化”。双音节形容词的重叠也是如此。

3.2 一部分形容词可以带情态词缀(后缀或中缀)。就北京话的形容词而言，在我们这次分析的400个形容词中：

能带情态词辍的单音节形容词共144个，占(144/218)66.0%

能带情态词辍的双音节形容词共 19个，占(19/182)10.4%

能带情态词缀的全部形容词共 163个，占(163/400)40.7%

能不能带情态词缀，单音节形容词和双音节形容词很不相同；单音节形容词“多数”能带情态词缀，双音节形容词只有“极少数”能带情态词缀。

“A里AB”可以说是既带情态词缀(中缀)，又有重叠，我们把这一类算作带情态词缀的形容词。

情态词缀的附加意义总的说来有两个内容。一方面情态词缀使某种性质和具体的事物联系起来，例如“黑乎乎”、“黑黢黢”用来描写不同的情景，不是一般抽象的“黑”，因而说是“生动化”也未尝不可以，不过“生动化”不能概括所有的用例。“娇滴滴”很“生动”，“湿乎乎”、“淡不拉即”、“白不拉叉”、“老实巴焦”就不大好说“生动”了。另一方面情态词缀表示说话人的主观“爱憎”，例如同样是“酸”，“酸不即”是嫌酸了不好吃，“酸不即儿”是有点儿酸好吃，同样是“甜”，“甜丝儿丝儿”的不错，“甜勒巴即”的不好。具体情况当然要复杂得多，而且具体的用法需要具体分析。

3.3 语法书上说形容词可以用作谓语。北京话形容词可以说都能用作谓语。非谓形容词似乎只见于书面语和受书面语影响较深的普通话,纯口语中少见。

3.4 语法书上说形容词可以修饰名词,用作定语,但是实际上有少数形容词不能直接修饰名词,不能直接用作定语。这一小类形容词是"非定形容词"。

有人认为形容词修饰名词有很多限制,形名组合有很强的熟语性质。这话不错。但是这并不是形容词的特点。现代汉语中修饰语和被修饰语的其他类型的组合以及动宾组合,特别牵涉到单音节词,都有很多限制,其中某些组合可以说有很强的熟语性质,如"高飞","飞跑","跳舞","睡觉"等等(所以是"词"还是"词组"一直要打官司)。如果把这一类结合得比较紧的形式一概算是"词",那么"非定形容词"的数量就要增加。我们没有这么算,因此"非定形容词"只是少数。

3.5 语法书上说形容词可以修饰动词,用作状语。有的语法书甚至说形容词"都"可以修饰动词。另外一些语法书则说形容词修饰动词"一般要重叠或加助词'地'"。这些说法出入相当大。

根据我们分析的400个北京话形容词的材料来看,可以这样说:

(1)形容词一般不能直接修饰动词,但是少数形容词可以修饰动词;品质形容词在修饰动词时意义要发生不同程度的变化，也就是要从表示品质转变为表示情状或方式。

(2)直接修饰动词而意义不变的只限于原来表示时间、距离、范围、数量、方式的形容词。这部分形容词只有16个，占(16/400)4%。这部分形容词也可以认为兼为副词。

(3)表示品质的形容词修饰动词，如果意义不变，在语义上修饰的不是动词本身而是和动词有关的名词(这个名词可以在句子中不出现)。

(4) 个别形容词和动词的组合相当于助动词和动词的组合(试比较吴语方言中相当于“可以”的“好”)。

(5)“白(吃)”中的“白”等是副词，只是和形容词的“白”等同音而已。

§4 本文只限于讨论再分类

很多问题，如哪一类形容词能重叠，哪一类不能重叠，为什么？哪一类形容词能带情态词缀，哪一类形容词不能带情态词缀，为什么？哪一类形容词能带哪一类情态词缀？重叠以后和带了情态词缀以后的形容词派生形式的句法功能有什么变化？这些问题都暂不涉及。

附录：北京话常用形容词四百个

单音节形容词

1. 矮　2. 白　3. 棒　4. 薄　5. 暴　6. 背(耳朵不好使)　7. 背(僻静)　8. 笨　9. 扁　10. 瘪　11. 惨　12. 糙　13. 草(潦草)　14. 差　15. 馋　16. 长　17. 潮　18. 陈(旧)　19. 沉(重)　20. 冲(有劲)　21. 稠　22. 丑　23. 臭　24. 蠢　25. 次(质量差)　26. 粗　27. 脆　28. 矬　29. 错　30. 大　31. 呆　32. 淡　33. 刁　34. 抖(威风)　35. 陡　36. 逗(好玩儿,滑稽)　37. 毒　38. 短　39. 对　40. 多　41. 乏　42. 烦(心烦)　43. 方　44. 肥　45. 粉(淡红色)　46. 疯　47. 浮(轻浮,不踏实)　48. 干　49. 高　50. 鼓(凸起)　51. 乖　52. 怪　53. 光(滑)　54. 诡(诡谲)　55. 贵(价钱高)　56. 预(粗大)　57. 旱　58. 好　59. 黑　60. 狠　61. 横(阳平,横向)　62. 横(去声,不讲理,蛮横)　63. 红　64. 厚　65. 滑　66. 坏　67. 黄　68. 灰　69. 荤　70. 浑(不讲理)　71. 活　72. 急　73. 假　74. 尖　75. 贱(便宜,不贵重)　76. 焦　77. 娇　78. 紧　79. 近　80. 精(精明)　81. 旧　82. 倔(倔强)　83. 俊　84. 糠(果物等中

空） 85.空（阴平） 86.空（去声，没有被占用） 87.抠（吝啬） 88.苦 89.侉（口音不正） 90.快 91.宽 92.狂 93.阔 94.辣 95.蓝 96.懒 97.烂 98.老 99.累（疲乏） 100.冷 101.愣（鲁莽） 102.凉 103.亮 104.聋 105.绿 106.乱 107.满 108.慢 109.忙 110.美（得意，舒服） 111.闷 112.猛 113.密 114.面（食物柔软） 115.妙 116.木（反应慢） 117.难 118.囊（肉不结实） 119.嫩 120.能（能干） 121.腻 122.蔫儿（疲萎） 123.黏 124.拧（倔强） 125.牛（倔强） 126.暖 127.胖 128.泡（中空凸起） 129.贫（话太多） 130.平 131.泼 132.破（不好） 133.齐 134.浅 135.巧 136.俏 137.亲 138.清 139.轻 140.青 141.晴 142.穷 143.朽 144.全 145.热 146.软 147.骚 148.臊（味臊） 149.涩 150.傻 151.膻 152.少（上声） 153.少（去声，年轻） 154.深 155.神（神妙，出奇） 156.生 157.湿 158.实 159.瘦 160.熟 161.帅（潇洒，漂亮） 162.死（不活泼生动） 163.松 164.酥 165.俗 166.素 167.酸 168.碎 169.烫 170.甜 171.通（通顺） 172.透（熟透，透彻） 173.秃 174.土（土气） 175.歪 176.弯 177.晚 178.旺 179.稳 180.稀（不稠） 181.细 182.鲜 183.闲 184.咸 185.险 186.香 187.小 188.斜 189.邪 190.新 191.腥 192.虚 193.悬（危险） 194.哑 195.严 196.酽 197.洋

198.野 199.阴(不晴,阴险) 200.硬 201.油(多油) 202.冤 203.圆 204.远 205.匀 206.杂 207.脏 208.糟 209.早 210.贼(狡猾) 211.真 212.正 213.直 214.皱 215.壮 216.准 217.紫 218.足

双音节形容词

219.安分 220.安稳 221.傲气 222.霸道 223.背静 224.本分 225.憋气 226.别扭 227.称心 228.磁实(结实,坚固) 229.大方 230.单薄 231.得意 232.地道 233.端正 234.多心 235.恶心 236.方便 237.富态(婉词:胖) 238.富裕 239.干巴 240.干脆 241.干净 242.高兴 243.疙瘩(麻烦,别扭) 244.公道 245.恭敬 246.公平 247.孤单 248.古板 249.古怪 250.光溜(光滑) 251.规矩 252.贵重 253.寒碜 254.含糊 255.好吃 256.好看 257.好听 258.和气 259.狠心 260.厚道 261.厚实 262.糊涂 263.花梢 264.滑溜 265.机灵 266.吉利 267.简单 268.娇嫩 269.娇气 270.矫情 271.结实 272.近乎 273.精明 274.精神 275.开通 276.可怜 277.可惜 278.刻薄 279.客气 280.宽绰 281.阔气 282.邋遢 283.浪荡 284.牢靠 285.老实 286.肋腻 287.厉害 288.利落 289.利索 290.亮堂 291.灵活 292.伶俐 293.零碎 294.灵通 295.乱哄

296.啰唆 297.麻烦 298.麻利 299.马虎 300.毛糙
301.闷热 302.迷糊 303.腼腆 304.明白 305.模糊
306.难看 307.难受 308.能耐 309.腻烦 310.腻味
311.黏乎 312.年轻 313.暖和 314.皮实 315.疲塌
316.便宜 317.漂亮 318.平安 319.平常 320.平稳
321.泼辣 322.破烂 323.朴实 324.普通 325.奇怪
326.齐全 327.齐心 328.齐整 329.勤谨 330.勤快
331.清楚 332.清静 333.清亮 334.轻巧 335.清闲
336.热乎 337.容易 338.软乎 339.伤心 340.少相
341.神气 342.时兴 343.实在 344.势利 345.瘦小
346.舒服 347.水灵 348.顺当 349.顺手 350.顺心
351.俗气 352.随便 353.随和 354.踏实 355.贪心
356.淘气 357.讨厌 358.体面 359.痛快 360.妥当
361.委屈 362.温和 363.稳当 364.稳重 365.窝囊
366.兀秃(温吞) 367.稀罕 368.希奇 369.细腻 370.细心 371.细致 372.显眼 373.现成 374.详细 375.消停(安稳) 376.小气 377.孝顺 378.邪乎 379.辛苦 380.新鲜 381.秀气 382.絮叨 383.悬乎 384.严实 385.要紧 386.硬朗 387.硬实 388.圆滑 389.匀称 390.运气
391.糟糕 392.扎实 393.真心 394.正当 395.正经
396.正派 397.直溜 398.周到 399.仔细 400.自在

北京话声母 W 的音值

周殿福、吴宗济编著的《普通话发音图谱》(商务印书馆，1963 年)只描写了韵母 u 的语音特征，没有描写声母 w 的音值。一般现代汉语教材也没有描写声母 w 的音值。在普通话教学中一般把 w 当做 u 的另一种写法来看待，也就是认为和韵母 u 完全同音。就普通话而言，这样处理也许是完全正确的。

但是，就北京话而言，声母 w 和韵母 u 不完全相同。声母 w 有两种不同的音值，也就是有两个不同的变体：一个是元音[u]，一个是唇齿半元音[ʋ]。① 这两个变体的出现条件是：在低元音前面读[u]，在高元音前面读[ʋ]。

[u]：wa 瓦，wai 喂，wang 王，wo 我。

[ʋ]：wei 为，wen 文，weng 翁。

[u]/[ʋ]：wan 晚

wan 这样的音节中的 a，有人读得开口度大一些，有人读得开口度小一些，而且同一个人在重读和轻读，强调和随便的

---

① 但是也有人一概读成浊擦音[v]，如张寿康同志就是这样读的。

时候开口度也有变化。ɑ 的开口度大一些时前面的 w 读[u],ɑ 的开口度小一些时前面的 w 就读[ʋ]。开口度小,唇齿的距离就近,随便一碰就读成了[ʋ]。

[ʋ]是一个半元音,不是浊擦音,因为没有明显的摩擦。发[ʋ]时上齿和下唇只是摆开了发[v]的架势,但是气流并不向外挤,而是从这样的架势直接向后面的元音过渡,在过渡时声带已振动,带出一种似[u]非[u],似[v]非[v]的声音。这就是唇齿半元音[ʋ]。也可以单独发[ʋ]这个半元音,声音集中在口腔后部,唇齿之间没有浊流挤出,没有摩擦。

从我们 1981 年 4 月在北京的调查来看,不论新老北京人,绝大多数都有[ʋ]这个音。在 100 个调查对象中 90 人有[ʋ],其他 10 人中 1 人发音不稳定,9 人没有[ʋ];但是这 9 个人中 1 人是蒙族新北京人,8 人集中在西郊中国人民大学校园内,这似乎不是偶然的。在中国人民大学校园内绝大多数人是外地人,他们的发音对只占绝对少数的北京人的发音会有影响。因此我们可以认为,即使不是全体北京人,至少是绝大多数(90%)北京人在前高元音前面声母 w 读作唇齿半元音[ʋ]。

关于北京话的语调问题

§1 语调

1.0　什么是语调,语调是什么,历来有各种不同的意见,特别是语调是不是仅仅表现为音高变化,还是也表现为音量、音长的变化,一直有争议。

1.1　英国语音学家琼斯在他的《英语语音学纲要》(*An Outline of English Phonetics*, Cambridge, 1956,初版1918)一书中给语调下的定义是:

"语调可以定义为在连续语言中嗓音音高方面发生的变化,也就是声带振动时发出的乐音在音高方面的变化。"(275页)

琼斯的定义代表了国外多数语音学家的意见,在我国有很大影响。

1.2　罗常培、王均编著的《普通语音学纲要》(科学出版社,1957年)关于语调的定义是:

"跟句子的句型或情感有关的语调叫口气语调。口气语调跟声音高低、强弱、长短、快慢都有关系，而高低抑扬的变化尤为显著。"(142 页)

罗常培、王均的定义认为语调不仅跟音高变化有关，而且和音量、音长、音速都有关系，但主要还是"高低抑扬的变化"。

1.3　语调可以指全句的语调，也可以专指句终的语调。句终语调指的是全句末了从最后一个重音音节算起的这部分语调。表达全句的语气的是句终语调。

全句的语调很复杂，特别是句子比较长的时候更复杂。和全句的语调纠缠在一起的还有语汇重音，逻辑重音以及和说话的人的情绪，语言环境，语体等等有关的音高、音量、音长、音速方面的种种变化。到目前为止，还没有设计出一套有效办法和相应的明白易懂的符号来描写这样复杂的语音现象。国外对英语语调的研究相对而言是比较深入的，但是拿现有的成果和实际生活中使用的语调来对照一下就会发现仍然还有相当的距离。因此，结合句子类型和语气来研究语调主要是研究句终语调。

1.4　长期以来有一种说法，认为世界上各种语言的语音形式虽然千变万化，但是语调，特别是句终语调，是基本一致的，如陈述句一般用降调，疑问句一般用升调，小句没有完或暂顿待续的地方一般用平调。是不是所有的语言的语调都这样？这需要在深入研究各种不同的语言的语调之后才能作出答复。但是有一点是肯定的，根据对西方非声调语言的语调的研究得出的一般结论未必完全适合像汉语这样一种声调语言。不深入研究汉语语调的实际情况而完全照抄照搬在研究西方非声调语言语调的基础上得出的结论是不够慎重的。

§2 普通话语调的研究

2.0 普通话的语调是根据北京话来确定的，因此研究普通话的语调和研究北京话的语调实质上是二而一的。国外研究普通话语调的论著为数不少，但是大多是把字调和语调混在一起研究的。最流行的观点是普通话的语调是叠加在字调之上的。这种观点认为语调表现为音高变化而汉字的字调也表现为音高变化，因此两者同时出现只能叠加，必然不是互相加强就是互相抵消。赵元任说："有人有时候问，汉语如果单字有声调，怎么还能有表示口气的语调呢？回答是：字调是叠加在语调之上的，很像小波纹是跨在大浪上的，其结果是这两种音高变化的代数和。"[①]这样的观点长期以来左右着国内对普通话语调的研究。

2.1 赵元任 1933 年在前国立中央研究院历史语言研究

---

① 赵元任：《汉语作为一个符号系统》，载《汉语社会语言学问题》(Aspects of Chinese Sociolinguistics, Stanford University Press, 1976)，86 页。

所集刊第四本第二分册上发表的《中国字调跟语调》(英文)是最早一篇研究汉语字调和语调的文章。他在这篇文章中认为字调和表示说话人的情绪和态度的语调都是某种音高变化，因此，如果字调是降调而语调是升调时就会发生叠加现象(addition of tone and intonation)，结果就产生这两种因素的代数和。这种叠加方式称为"并合叠加"(simultaneous addition)，如"那个东西↗坏，这个东西↘好"这样的句子，叠加的结果是"待续分句中〔"坏"字〕的降调降得不那么低，末了的分句〔"好"字〕的升调升得没有那么高"。(131 页)还有另一种叠加方式叫"后续叠加"(successive addition)，例如"这个坏?"和"这个好!"这两个句子中的"坏"要用升调，"好"要用降调，这时字调和语调不并合，而是语调接在字调后面，也就是在基本上读完字调以后再读一个升调或降调。

并合叠加有四种方式：

"(a) ↑ 整个音调(level of pitch)提高，

(b) ↓ 整个音调降低，

(c) ↕ 调域扩大，

(d) ⤈ 调域压缩。"(132 页)

后续叠加可以归纳为下列公式：

"↗55: =56:

↗35: =36:

↗214: =216:

↗51ː=513ː

↘55ː=551ː

↘35ː=351ː

↘214ː=2141ː

↘51ː=5121ː"(133 页。"6"表示超高。引用时略去了综合调号。)

这篇文章没有给使用各种不同语调的各种句子分类，只指出降调可以用于下列各种句子：

"(1) 列举：

说你多有钱，说他多好看，说你们多快活。

(2) 抗议：

不是你，是他！

(3) 对新情况表示满意：

欸，这样好！

(4) 做作的惊叹：

真可怜！"(133 页。引用时略去了综合调号，添加了句终标点。)

赵元任关于并合叠加的四种方式的描写是很精辟的，也是符合汉语的实际情况的。十分遗憾的是他还是口口声声讲"叠加"，讲含义很不明确的"代数和"，讲"升"(rising)和"降"(falling)，而很少再提"抬高"(raised)和"压低"(lowered)，因而他的这些正确观点没有得到广泛传布，相反，含糊不清的"叠加"或"相加"的观点却长期到处流行。

2.2 蒋维崧和殷焕先合著的《字调和语调》(新知识出版社,1957 年)谈到和语气有关的句终语调时说:“语气的不同,要关涉到语音上多方面因素,但主要是由于语音的高低(高、低、升、降)不相同。”(65 页)他们认为普通话有三种基本语调,即平调、抑调(下降)、扬调(上升)。他们还认为字调和语调碰到一起要按“相加后的总和(即相加后的实在念法)”来读。

至于各种句子和语气的配合,他们认为:

陈述句	平调
感叹句、祈使句	抑调
疑问句	扬调

不少现代汉语教材区分升调和降调两类句终语调,还认为陈述句、感叹句、祈使句用降调,疑问句用升调;有的讲得细一些,认为是非问句用升调,特指问句用降调。照这种说法,普通话的语调就和英语语调完全一致了!这种说法是否经过认真研究,还是照抄英语语调的结论,很值得怀疑。

2.3 石佩雯的文章《四种句子的语调变化》(《语言教学与研究》,1980 年第 2 期,71—81 页)分析了实际材料,提出了一些新的观点。就句终语调而言,文章仍然认为“按照句子末尾上升或下降的形式,可以分为升调尾音和降调尾音,带有浓厚感情色彩的谈话中,还会出现不限于出现在句子末尾的曲折调和平调”。(72 页)关于句终语调和不同类型的句子之间的关系，文章认为：

陈述句、特指问句、正反问句、选择问句（后一分句）、猜测问句、祈使句（命令、禁止，请求、劝阻）、感叹句——降调

选择问句（前一分句）、反问问句、是非问句——升调

委婉的请求、表示冷淡、踌躇、思索时的句子——平调

表示讽刺、幽默、惊奇时的句子——曲折调

作者还指出两类祈使句的不同之处，表示命令或禁止的祈使句“全句句调都高，音域较宽，重读音节的音量增强，音长不增加”，而表示请求或劝阻的祈使句“全句用较低句调，语速慢，音量轻，重读音节拉长”。（77页）

石文分析得比较细致，很多意见不落窠臼。

2.4　吴宗济1981年10月在中国语言学会首届年会上宣读的论文《普通话语调的实验研究——兼论现代汉语语调规则问题》（修改后题为《普通话语句中的声调变化》，《中国语文》，1982年第6期，439—450页）提出了研究普通话语调的一些新方法，并根据实验材料提出了一些新的结论。吴文就有关句终语调部分而言有以下这样一些新的观点：

（1）“普通话的句调由单字调、二字调（包括轻声）作为它的‘建筑材料’，亦即基本单元。这些基本单元的调型在语句中虽然受语法、语气的影响而有所变动，但基本上不改变它们原有的模式——调型。”（440页）

（2）把和一定的句终语调相联系的句子分为三类，即平

叙句、疑问句、加强句(包括祈使、命令、抗议、惊讶、紧张、着重等语气的句子)。

(3) 疑问句“如果字句和平叙句完全相同,而是用来提问,则句尾调阈可以抬高(16 例)。即使句尾的本调为降调(去声)时,调尾的频率也会提高一些,但**拱度(调型)不变**”。(444 页)“疑问句只是在没有任何表示疑问语气的字眼情况下,句尾调阈方能趋升,句中有了这类疑问语气的字眼后,则一切维持平叙原调。”(444 页)

(4)“加强句调的规律一般是,基本单元调型不变,只是全句调域扩大(声调起伏加大),或全句的调阈提高(拱度频率提高)若干。”(445 页)

吴文事实上是通过实验手段证实了赵元任关于并合叠加几种方式的描写,同时又提出字调或基本单元“一仍本调”(444 页),“拱度(调型)不变”的观点。如果字调“一仍本调”或“拱度(调型)不变”,那就从根本上动摇了字调和语调“叠加”的论点,也就没有什么“代数和”了。但是吴文没有这么彻底,所以又有似乎矛盾的“基本上不改变它们原有的模式——调型”和可以“改变其局部调型(拱度)”(441 页)的说法。

平叙调、疑问调、加强调这种三分法很新颖,和“传统的”分类法截然不同,不少人可能很难接受,也不容易体会。但是这是吴文的一大贡献。汉语的实际情况和英语语调很不相同,吴文的这种分类法虽然远离了英语语调的传统分类法,却应该说更接近汉语的实际。

2.5 陈文芷 1980 年 11 月在日本《中国语学》总第 227 期上发表的《字调和语调》也是附和字调和语调叠加产生“代数和”的，可是他的实验材料并不支持他的论点。以下是他的文章中分析实验材料时的两段主要文字：

（1）字调和降调

“每个字没有固定声调的语言，如英语，用降调读的音节接近汉语的第四声。”“但一、二、三声处于降调的位置时，如果用上述的方法来读，就会改变一、二、三声的调类。图 2、图 4 中‘出生’和‘学习’都在叙述句句尾。从图中可以看出整个句子的音高是逐步下降的，而每个字本身又都保持了原来的调类。由此可见，用降调来读一、二、三、四声的字，就意味着要从字头开始把音高降低，使其低于重读的字的音高，并且越接近句尾，字的开头的音高越低。”（20 页）

（2）字调和升调

“升调的表现方法之一是在保持原来调类的基础上提高句尾的字的音高。”“除句尾的字音高要高些以外，升调还可能影响整个句子的音高，即从第一个字开始音高就比一般用降调读的句子高一些。”（20 页）

陈文的实验材料和他自己的论述都证实了所谓“升”实际上是整个字调的抬高，而不是上升，所谓“降”实际上是整个字调的压低，而不是下降，从整个情况来看，根本不存在“叠加”现象。

§3 北京话的语调

3.0 长期以来我们对北京话的语调(更确切地说是句终语调)有一些自己的看法。我们不同意字调和语调“叠加”和所谓“代数和”的说法,也不认为北京话的语调会和英语语调一模一样。这些想法一直在促使我们对北京话的语调问题进行新的探索。近年来在国内外都发表了一些关于北京话语调的实验材料,这些实验材料证实了我们的一些设想。这样,尽管我们还来不及分析足够的材料来充分论证我们的想法,也想提出一些初步的看法以求正于同行和广大的读者。

3.1 北京话的(句终)语调是独立于声调之外的语音现象,字调和语调之间的关系不是“叠加”关系。

一般人理解的“叠加”关系,特别是所谓“代数和”,是字调和语调这两种音高变化的“相加”。《现代汉语词典》对“代数和”是这样解释的:

> “正数、负数或未知数用符号‘+’联结起来所得的结果,叫做代数和。如 8+(-5)+(-4)的代数和是-1。”

那样的话,升调的字调和降调的语调叠加后的代数和是什么呢？特别是平调的字调(如阴平)和升调或降调的语调叠加后就肯定不可能再是平调。但是实际情况并不是这样。不论是凭语感还是凭实验材料,不管读哪种语调,字调始终不变;如果字调变了，那就听起来成了另外一个字，这是在实际生活中没有发生过的事。陈文芷提供的实验材料（陈文图 13 和图 14）明确无误地证实了这一点。不论读所谓“降调”还是所谓“升调”，“听”还是“听”，都是平调，丝毫没有变成降调或升调，只是命令句整个字调低一些，疑问句整个字调高一些而已（按吴宗济的说法是调阈提高或降低，或者说拱度频率的提高或降低）。吴宗济的实验材料没有全部发表，因此有的只能根据他的分析来进行再分析。他在分析平叙句的时候对例（7）作了分析，说“‘壶’字本是升调，在平叙句尾虽不能读成低降调，但读成低平调，比原来降低了许多。因此可以这样说，凡平叙调的语调中各单元一仍本调，只是句尾降低若干，最多可以降低到个人的调阈下限”。（444 页）这段话有不少不明确的地方。最大的矛盾是既然阳平升调的“壶”字已经受“叠加”的影响，读成了一个北京话声调系统中没有的低平调，怎么还能说“因此……各基本单元一仍本调”呢？我们的解释是，平叙句末尾音量逐渐减弱，直到无声无息，而不是戛然而止的，音量的大幅度减弱影响到音高，而和所谓“降”没有联系，因为实际上北京话的语调不是什么“上升”和“下降”问题。由于音量减弱引起的这种音高变化不具有区别意义的作用，人们在听感上由于习惯于这种模式，会有自动补偿，仍然觉得是一个阳平调，“壶”还仍然是“壶”，所以还是觉得所有的字调都“一仍本调”。吴宗济明明看到了这种“略降”，但是仍然认为字调“一仍本调”,也许也是这样考虑的。

3.2 北京话的(句终)语调和音高、音长、音量都有关系。

北京话语调的音高问题不是“音高变化”,即“升”和“降”的问题,而是字调的起点高低问题,或者说是调阈的高低问题。北京话语调在这一点上和英语语调的差别是极其明显的。“高”是整个字调定调定得高,而不是叠加一个从低到高的音高变化过程,也不是要“扬”一下,“升”一下。“低”是整个字调定调定得低,而不是叠加一个从高到低的音高变化过程,也不是要“抑”一下,“降”一下。所谓高低当然是相对的,是和全句或末尾的小句或短语中的字调的起点的平均高度比较来说的。

北京话语调可以分三种音高高度,即高、中、低,也就是高调、平调、低调。在不把高调和低调误解为“升”调和“降”调的情况下,也可以用传统的符号“↗”和“↘”来表示“高调”和“低调”,用“→”表示“平调”。

在北京话语调的诸要素中,除了字调起点的高低处,音长的变化也是一个重要因素。在呼唤声中,在呼口号时,句尾高而长。用高调的疑问语调和呼唤语调的区别就主要在于音长的不同,如:

张三? zhāng↗sān
张三! zhāng↗sān:

音长加长可以用长音符号“:”来表示。

字调拉长时调域扩大，也就是字调音高变化的最高点和最低点之间的距离扩大了(平调当然不发生这种现象)。但是这种现象是伴随音长加长而出现的，可以不作为一个独立因素来考虑。

不仅高调可以拉长成为高长调，低调和平调也可以拉长成为低长调和平长调。

低长调用来表示感叹、伤感等，如：

这就太难了！ …tài↘nán:le/…↘tài:nán le
唉！ āi:↘

表示严厉命令的命令语调很短促，字调缩短，同时调域压缩。不过在这种情况下必然有强重音。如果把强重音作为区别性特征，就可以不考虑字调缩短、调域压缩问题。

向远处发出的严厉的命令和呼唤语调相结合，音长长短中和。

音量也是北京话语调的一个要素。音量在这里指的是重音问题。句终语调是从句末最后一个重音音节算起的，因此区别语调的都是比一般语汇重音更强的重音。命令语调的重音最强，可以用双重音符号“ˈˈ”来表示；惊叹语调，如“太可怕了！”的“太”比平时重，但又不如命令语调的重音重，为了和语汇重音相区别，可以加单重音符号“ˈ”来表示，而一般语汇重音不加任何符号。例如：

你给我回来！　　…↘"huílái

这太可怕了！　　…↘'tài kěpà le

音速可以区别不同的语体，但是不是句终语调的要素。

3.3　根据句末最后一个语汇重音音节的字调起点的高低、音长、强重音的有无这些句终语调的区别性要素可以区分出以下八种语调。

语调要素 / 语调类型	字调起点			音长		重音	
	高	平	低	长	一般	次重	最重
陈　述	－	－	＋	－	＋	－	－
疑　问	＋	－	－	－	＋	－	－
命　令	－	－	＋	－	＋	－	＋
祈　使	－	＋	－	＋	－	－	－
惊　叹	－	－	＋	＋	－	＋	－
感　叹	－	－	＋	＋	－	－	－
呼　唤	＋	－	－	＋	－	－	－
待　续	－	＋	－	－	＋	－	－

例：

(1) 陈述语调：

他早走了。　　…zǒu le↘

你母亲身体好些了吗？…hǎo xie le ma↘

（2）疑问语调：

这是你弟弟？ …dìdi↗

这是你弟弟吗？ …dìdi ma↗

（3）命令语调：

出去！ "chūqu↘

你给我坐下！ …"zuòxia↘

（4）祈使语调：

你不要再说了！ …shuō: le→

妈，带我去吧！ …qù: ba→

（5）惊叹语调：

这可太棒了！ …'tài: bàng le↘

风景美极了！ …'jí: le↘

（6）感叹语调：

这可怎么好呢！ …hǎo: ne↘

那年月真不好过啊！ …guò: a↘

（7）呼唤语调：

你在哪儿啊，小三！ …sān:↗

中华人民共和国万岁！ …suì:↗

（8）待续语调：

他要是不来，（你再去请一趟。） …lái→

他这个人又会文，（又会武。） …wén→

语调的内容是极其丰富的，并且是千变万化的。如果要分得很细的话，也许有好几十种。因此，以上的分类和每一类的区别性特征都不是绝对的。例如待续语调就可长可短，这里认为是“一般”，也就是并不特别长，也只是一般的情况而已。又如强重音实际上只区分了“惊叹”和“感叹”两种语调，是否干脆不考虑重音问题，这也是可以再考虑的。

如果不考虑强重音的等级，不算待续语调，就剩下六类语调，即陈述、疑问、命令、祈使、感叹、呼唤六类语调。如果认为不需要区分“命令”和“祈使”，也不必单立“呼唤”一类，那就只剩陈述、疑问、祈使、感叹四类语调了。

3.4　语调和句子类型

根据交际功能或语气来给句子分类是和有没有相应的不同语调密切有关的，但是语调和句子类型之间的关系却又不是一对一的，而是相当复杂的。

北京话(汉语的情况总的说来也是这样)的特点之一是使用各种语法和语音手段极为经济，不多搞“重复劳动”，尽可能节约多余的重复的信息。如果句子中用了疑问语气助词“吗”，已经足以表达了疑问语气，就可以不再用疑问语调；如果全句在语义上已经足以表达了命令语气，如“你给我走开”，就不一定再用命令语调；“太好了”这三个字已经足以表明了感叹语气，就不一定再用感叹语调；如此等等。这就是说，凡是在句子的结构上，语汇意义上已经足以表明某种语气，就可以不再使用语调这种语音手段(疑问语调、惊叹语调除外)，都可以用最没有个性的陈述语调，或吴宗济所说的“平叙调”。在这种情况下如果再使用专用的其他各种语调，那就是表示强调或所谓“加重”。这是北京话语调的一大特点。不少人没有看到这一点，就觉得北京话语调没准儿，怎么说都可以，也就理不出一个头绪来。

以下我们按八类语调来简要地描写一下语调和各种类型的句子之间的关系。

3.4.1　陈述(平叙)语调

调型：低调↘

适用范围：

1. 专用范围：陈述句。

包在我身上了。《吉》[①]

是咱俩先实习实习。《吉》

我没写什么东西。《卖》

2. 活用范围：其他各类平叙的句子(某些疑问句和惊叹句除外)。

(1) 带疑问语气助词“吗”的是非问句：

搭棚儿，唱戏伍的，你说崔头儿能同意吗?《吉》

以前您结婚的时候也搭那么大棚儿吗?《吉》

进去瞧瞧行吗?《婚》

---

① 例句采自电视剧《吉庆有余》录音，侯宝林相声《卖包子》、《婚姻与迷信》、《醉酒》录音，以下简称《吉》、《卖》、《婚》、《醉》。

（2）带疑问代词的特指问句：

生孩子碍着生面什么事儿啊？《婚》

他干吗搁这么些东西？《婚》

奶奶，您这扯到哪儿去了呢？《吉》

（3）正反问句：

ána，明白不？《吉》

行不行啊？《婚》

（4）反问句：

有他这么送礼的吗？《吉》

你早干什么去啦？《吉》

你不有病吗？《卖》

（5）命令句：

放那儿放那儿！《吉》

快点儿啊！《吉》

（6）祈使句：

您先坐下，啊！《吉》

别客气。《吉》

（7）感叹句：

作艺的哪儿有不受气的呀！《卖》

真不错呀！《吉》

（8）呼唤句：

崔头↘崔头↗崔头↘《吉》

玉山哪！《吉》

（9）待续句：

那带封建性儿的↘还有那闹神闹鬼儿的↘还有那些粉戏↘一出儿也不能唱。《吉》

3.4.2　疑问语调

调型：高调↗

适用范围：

1. 专用范围：不带疑问语气助词“吗”的是非问句和选择问句的前一分句。

“五十”就能当上冠军？《吉》

说定啦？《吉》

那你也是作家？《卖》

明儿您来呢↗他来？《？》

2. 活用范围：

（1）带疑问语气助词“吗”的是非问句，用疑问语调时表示发问者对句子内容有怀疑。

你这当书记的，折腾邪乎了，不怕人说吗？《吉》

夫妻俩这关系最密切了吗？《婚》

能瞒过他吗？《吉》

（2）带疑问代词的特指问句，用疑问语调时表示强调或追问。

你现在什么程度？《卖》

多少钱买的？《吉》

你爹妈是什么个想法啊？《吉》

(3) 正反问句,用疑问语调时表示强调或追问。

生不生?《婚》

这个数成不?《吉》

3.4.3 命令语调

调型:低强调↘"

适用范围:表示严厉的命令、禁止、恐吓等的句子。

嗨,回来!《卖》

去,出去!《婚》

甭打保票!《吉》

别嚷嚷!《吉》

3.4.4 祈使语调

调型:平长调→:

适用范围:表示恳切、委婉的请求、劝告、敦促等的句子。

抽一颗! 抽! 抽!《吉》

妈,您别唠叨了!《吉》

请多提宝贵意见!《吉》

3.4.5 惊叹语调

调型:低次强调↘'

适用范围:表示强烈的惊讶、赞叹、恐怖等情绪的句子。

啊,凤华来了啊!《吉》

霍,这么大个儿啊!《吉》

3.4.6 感叹语调

调型:低长调↘:

适用范围：表示深沉的感叹、惋惜、痛苦等情绪的句子。

有多少人买票啊！《卖》

人家小孩儿念书还坐汽车呢！《卖》

咱们的事儿办得也够大呀！《吉》

3.4.7 呼唤语调

调型：高长调↗：

适用范围：向较远的地方呼唤、说话时用的句子（包括口号，叫卖声等）。

老奶奶欸！《吉》

江米眯切糕！《卖》

咱们一块儿去欢迎幼儿园的孩子们哪！《吉》

3.4.8 待续语调

调型：平调→

适用范围：表示未完待续的小句、短语、单词。

你譬如说唱那个锯大缸——《卖》

还从上海约来了金少山，周信芳——《卖》

带着你二姨儿→看看你的新房。《吉》

我看美娟→和二勇还挺般配。《吉》

3.5 各类句子和各类语调可以交叉混合使用。另外，在具体的语言环境中同一类句子，同一类语调还可以表示各种不同的语气，这就使语调和句子类型之间的关系十分复杂。不过这就牵涉到如何运用语言的问题，而不是单纯的结构描写了。我们在这里局限于描写常见的语调和句子类型之间的一般关系。这些描写不少是凭语感和听感来确定的，因此不一定全对，尚待通过今后的实验来加以纠正或证实。